KB040423

운동화
지금
당장 신으세요!

작은 운동으로 시작한 뇌의 행복한 변화

# 운동화 지금 당장 신으세요!

엄남미 지음

케이미라클모닝

# 생각을 1초만 틀어보자

이른 아침 한강 변을 따라 10km를 달렸다. 누군가는 이렇게 달리면 피곤해서 하루를 어떻게 보내느냐고 생각할 수 있겠지만, 사실은 그와 정반대로 내 몸은 아직도 더 운동할 수 있다는 신호를 계속 보내고 있다. 운동을 끝내고 얼마 지나지 않아 오전 미팅에 들어갔다. 오늘 만나기로 한 사람은 중년의 사업가였다. 예전에 우연히 알게 된 그 회사 팀장의 소개로 직접 미팅에 참석하게 된 것이다. 피곤한 기색이 역력한 그곳 대표는 회의하는 동안 연신 부정적인 어휘를 반복해서 사용했다. 그의 얘기를 계속해서 들으면 어떠한 긍정적인 결과는 나올 것 같지 않았다. 아니나

다를까 회의가 계속되자 전날 과음을 했다는 그는 시간이 지날수록 더욱 지치고 있었다. 우연히 운동 얘기가 나오게 되자 그는 다이어트를 해야 한다며, 슬쩍 자신의 배를 내려다보았다.

그런 그에게 철인 3종경기의 얘기를 꺼내자, 눈동자가 커지며 대부분의 사람들은 그건 자신과는 머나먼 얘기로 치부할 거라고 했다. 물론 이런 반응을 예상했다. 예전의 나라도 당연히 그랬을 테니까. 불과 몇 년 전 나는 학교에서 아이들을 가르치는 선생님이었다. 어른들이 보기에 착한 아이로 유년기를 보냈다. 특별한 고민도 사춘기도 없이 살았던 내가 남들이 보기에 가장 안정적인 삶을 살고 있는 것처럼 보였을 것이다. 하지만 그런 사람들의 시선과는 반대로 내면에서는 산후우울증과 둘째 아이가 교통사고로 장애를 갖게 된 충격에 화가 쌓이고 있었다. 늘 무미건조한 일상에 언제부터인가 시작된 야식과 음주는 나 자신을 점점 나락으로 몰아가고 있었다. 그런 삶은 내 자유의지가 없는 느낌이었다. 그렇게 살던 어느 날 결혼생활 동안 한 번도 잔소리를 안 하던 남편으로부터 몸 관리를 했으면 좋겠다는 뜻밖의 얘기를 듣게 되었다.

그 일이 있고 오래 지나지 않아 의사로부터 운동을 꼭 하라는 강력한 권고를 들었다. 그때 결심은 '이렇게 살지 말자'였다. 아주 작게 운동하자는 마음이 지금 이렇게 에너지가 넘치는 여성으로 만들어주었다. 아주 작은 운동부터 시작했지만 그 운동의 반복은 점점 체력을 강하게 해주었다. 강해진 체력으로 자신감과 자존감까지 회복할 수 있었다. 그리고 진짜 내가 원하는 일이 무엇인지 깨달을 수도 있었다. 모든 일을 적극적으로 도전하고자 하는 의지를 갖게 되었다.

그래서 이제는 내 앞에 서 있는 예전의 나와 같은 중년의 그에게 그리고 이 글을 읽고 있는 독자들에게 직접 경험하고 실천한 이야기를 들려주고자 한다. 산후우울증과 살이 찌고 자기 효능감이 떨어져서 고민하는 사십 대의 여인이 있었다. 그녀는 어느 날 우연히 교수님을 찾아가게 되었다. 자신은 항상 아프고 몸이 안 좋아서 입원까지 한 적도 있는데 그 교수님은 5년 전이나 지금이나 똑같은 모습을 유지하여 비결이 무엇인지 물어봤다고 한다. 비결은 매일 헬스클럽에서 운동하는 루틴 때문이라고 했다. 즉시 마음속에서 꿈틀거리는 뭔가 있었다. 운동해야겠다고 생각이 바뀌려는 순간에 지인은 자세하게 물어봤다. 지금의 처지와 너무나도 상반되게 보이는 교수님의 에너지와 열정에 반하여 자세히 물어봤다고 한다.

"교수님 지금처럼 건강하게 사시는 비결이 무엇일까요?"

"그건 말이야……. 음, 잠깐 생각을 정리해 보고……."

"저는 '월급'이라는 위대한 존재에 의해 출산 이후 간신히 몸을 이끌고 출근하고 있어요. 육아에 지쳐서 수면도 모자라 아침에 전철에서 꾸벅 졸다가, 역을 지나치기도 해요. 지하철 계단은 얼마나 오르고 내리기가 힘들던지. 사는 게 너무 버겁고 힘들어요. 때로는 제 처지가 너무나 안쓰러워서 지각할 것 같으면 택시를 잡아타요. 한 달에 택시비가 헬스클럽 끊는 비용과 맞먹어요."

"그렇구나. 난 말이야. 지금 건강의 비결은 매일 하루의 일과를 다 끝마치고 헬스클럽에 반드시 가서 30분씩은 운동하는 습관을 들였어. 그 덕분에 저녁 약속은 없고, 영양제와 각종 건강에 좋은 것들을 챙겨 먹는 편이야. 생활 속에서 운동을 실천해. 정시에 1분 동안은 항상 일어나서 혹은 앉아서 항상 목을 돌리거나 스트레칭을 하는 루틴이 있어. 딱 1분만 움직여. 그러니까 거의 1분은 60초이니까 움직임을 60번 이상 하면서 하루에 의식을 정돈해. 10시간 동안 정시마다 1분씩 10분만 해. 하루의 10분 스트레칭은 굉장히 중요해. 몸의 유연성이 젊음과도 상관이 있거든."

"1분은 짧은 시간이 아닌가요?"

"전문가들은 너무 거창한 운동시간을 길게 잡아서 오래 하는 것보다 시작하는 초기 단계에 1분만 한다고 해도 효과가 있다고들 하지."

"그러면 저도 하루에 1분만 움직여두 운동이 되겠네요."

"그럼, 당연하지."

지인은 그 이후로 1분씩 운동을 하자고 마음을 먹은 후에 차츰 10분, 30분으로 늘려가서 어떤 일을 해도 지치

운동화 지금 당장 신으세요!

지 않는 몸을 만들었다. 이 책에서 1초에서 시작한 저자의 마음가짐과 1분, 100분, 1000분, 그 이상의 운동도 쌓여서 오래 할 수 있는 건강한 체력이 된 구체적인 예시가 들어 있다. 마라톤 풀코스 10회 완주, 100km 울트라 마라톤 완주, 철인 3종 경기 완주는 꿈에나 가능할 듯했다. 그러나 작은 운동이 쌓여서 어떤 도전이라도 지금 당장 할 수 있는 체력으로 만들었다.

먼저 스스로 자신의 강력한 후원자가 되어 운동을 하면, 미래의 100세인 내가 지금의 마흔을 어떻게 칭찬해 줄 것인지 강력하게 상상해 보자. 지금부터라도 1초만 생각을 틀어서 운동하는 쪽으로 마음을 돌리자. 그 작은 생각의 변화가 운동하는 모든 이들에게 진정한 기적을 일으키는 체력을 선물할 것이다.

# 목차

## 2장
# 아주 작은 운동 습관 만들기

## 3장
# 도전

# 4장
## 결과 인생이 바뀌다

**5장**

# 체력을 기르기 위한 팁

# 1장

# 운동 안 해도 좋아?

"당신, 좀 운동하는 곳에 등록을 하는 게 어때?"

"왜, 배가 나와서 지금 나에게 더 이상 매력이 없다는
거야?"

"그게 아니라, 이제 당신도 건강을 생각할 나이인 것
같아서……."

"……."

운동화 지금 당장 신으세요!

젊었을 땐 '로맨틱 가이'였다. 학교에서 근무할 때 교무실 선생님들을 놀라게 했다. 생일 때마다 근사한 꽃 배달을 시키고, 로맨틱, 울트라 파워 급의 연애 도사였다. 그런 남편이 마흔이 되어가는 아직까지 여자이고 싶은 나에게 이런 말을 하다니. 어이가 없었다. 나도 할 말이 없는 것은 아니었다. 아이들 어릴 때 어떻게 시간이 가는 줄도 모르고 아이들 키우느라 내 청춘을 다 바쳤다. 그저 육아와 직장 생활에 서러운 워킹 맘으로 육아에 직장 생활에 지쳤다. 휴직을 하고 3년 동안 아이들만 봤다. 스트레스로 먹고, 이제 나이는 마흔이 다 되었고 여성으로서의 매력이 끝난 것처럼 머리에 희끗희끗 흰머리가 나기 시작한다. 서럽다.

"그러는 당신은 뭐 완벽한 몸매에 송준기 같은 몸매가 되나 보지……."

"누군 이렇게 되고 싶어서 그렇게 된 줄 알아?"

"다, 애들 둘, 특히 남자아이 둘 키우느라 그렇게 된 것도 모르고." 서러워서 원 참…….

속으로만 하는 말을 반복했다. 외국 여행을 할 때가 생각났다. 지하철에서 외국 할머니와 이야기를 했다. 우리나라 할머니와는 달리 건강하게 지하철을 타고 다니는 게 신기했다. 여성의 가장 기본적인 욕구, 나이에 대해서 아무 생각이 없었다. 여성들은 나이가 들면 아름다움이 사라진다는 것을 무의식 깊이 알고 있는 것을 망각하고 그만 이렇게 물어봤다. "How old are you?" 라고 물어봤다. 우리나라에는 건강한 분들에게 "혹시 연세가 어떻게 되세요?" 라는 질문은 칭찬이다. 그러나 그 외국 할머니는 완전히 화를 냈다. 할머니는 자신을 lady(숙녀)라고 말하면서 나이 질문을 받는 것을 굉장히 불편해했다. 그 이후로는 절대 누군가에게 나이를 묻지 않는다. 여자는 죽을 때까지 예쁘다는 소리를 듣고 싶어 한다. 즉 모든 사람들에게 사랑과 인정을 받고 싶어 한다.

남편이 평소에 안 그러다가 어쩌다 술 한 잔 먹고 한 이야기가 나에게는 운동하고 건강하게 살아야겠다는 각오를 하게 했다. 화가 나서 밖으로 뛰쳐나가서 엉엉 울었다. 차 안에서 큰 소리를 지르면서 한바탕 나 자신과의 내면을 마주하니 순간의 화가 약간 풀렸다. '내 인생, 내 팔자가 왜 이리 된 거지.' 없는 팔자를 만들어서 팔자타령을 했다. 여자는 죽을 때까지 숙녀로 남고 싶고, 예뻐지고 싶고, 할머니가 되어도 예쁘다는 말을 듣는 걸 좋아하는데.

'우리 남편은 나에게 이제는 더 이상 매력을 못 느끼나 보다. 여자로서의 수명은 여기서 다하는 것인가. 내가 그렇게 살이 많이 쪘나? 내 인생 왜 이리된 거야. 나 완전히 망했어.' 속으로 이런 말을 중얼거리면서 너무나도 서러워서 엉엉 울었다. 밸런타인데이 때 영화에서 본 것처럼, 초콜릿을 직접 만들어 와서 데이트 장소 카페에서 선물상자 안에 반지를 넣어서 나를 감동시킨 로맨틱한 남편은 어디에 갔는가. 판단하고 비난하고 살이 쪄서 보기 싫은 아줌마로 그렇게 취급하는 남편에게 분노가 치밀었다.

이래 봬도 결혼 할 때 롯데월드 어드벤처 야외 촬영 때 웨딩드레스 입고, 미소 한번 날려주면, 외국인들이 다가와 이런 감탄사를 연발했던 '나'야.

"Oh, my God! She is so beautiful."

20대의 기억의 회상은 더 이상 현실이 아니었다. 그 때의 그 말이 이렇게 울려 퍼진다. 지금은 마흔 살의 나잇 살에다 얼굴에는 선이 하나씩 늘고 있다. 더 이상 환하게 웃는 그런 멋지고 당당하고 청춘의 파릇파릇한 자신감이 아니라 나이 들어가는 것이 더 이상 환영받지 않는 시대에 서 계속 외쳐본다. 불혹의 마흔이지만, 요즘은 마흔은 미혹이다.

그나마 나에게 이런 좋은 추억이라도 있다. 하지만 그런 기억마저 다 무덤에 묻어버리고 사는 마흔이 얼마나 많은가.

"다시 내 청춘을 돌리도."

"그러는 남편들 남자들은 뭐 전부 중후하고 멋지고 다 멋진가?"

"두고 보자 가만히 안 있겠다."

무의식에서 강한 복수심이 생겼다. 나의 남편이 건강

운동화 지금 당장 신으세요!

을 생각해서 나에게 내뱉은 그 한마디가 일 년에 마라톤 풀코스를 4번 완주, 2년 만에 마라톤 풀코스를 10번을 뛰어도 체력이 넘쳐서 에너지가 폭발할 지경으로 강한 여성으로 변모했다. 철인도 너무나도 쉽게 그저 의도하고 바라면 거뜬히 해내는 20대보다 더 강한 여자가 되었다. 어떤 일이 벌어진 것일까? 물론 한 번에 이렇게 바뀌지 않았다. 서서히 운동을 5년 동안 꾸준히 한 가지를 하면서 체력을 길렀다. 여성 순환 운동이라는 고강도는 아니지만 저 강도의 30분 운동을 지속했다. 1분만 매일 운동하자는 마음으로 했다. 정다연 '몸짱 아줌마'의 책도 한몫했다. 남편이 나에게 던진 그 눈초리를 잊을 수 없었다.

덕분에 남편이 나에게 구세주가 되었다. 내가 이렇게 강하게 되어 무엇이든 해내고 내 꿈을 이루게 한 원동력이 되었으니까. 고마운 남편에게 매일 감사한 마음을 잊지 않고 있다. 하지만 나에게 "운동 좀 하지."라는 그 말 한마디와 눈초리는 나에게 큰 상처와 열정이 동시에 무의식에 강하게 심는 계기가 되었다. 나도 남들처럼 멋지게 살고 싶었다. 하지만 아이들 특히 아들 둘을 키우느라 심신이 지친 나에게 '운동 하라'는 남편의 눈초리는 내 꿈이 되어버렸다.

장석주가 〈마흔의 서제〉라는 시에서 마흔을 이렇게 표현했건만 나에게 왜 마흔은 마음을 어루만져 주는 사람이어야 할 남편이 비난을 할까.

마흔은 인생의 오후,
빛은 따뜻하고 그림자 길어져
걸음을 느리게 잡아당기면
곧 펼쳐질 금빛 석양을 기대하며
잠시 쉬어가도 좋은
시간.
아침부터 수고한
마음을 도닥거리고 어루만지며
남은 시간에는 무엇을 할 것인지
평온하고 지혜롭게 사유하라.
그런 이에게 오후는 길고, 충만하다.

오후가 길기는커녕, 하루 일상에 바빠서 아이들 치다꺼리하고 밥 챙기고 하느라 시간이 어떻게 가는 줄도 모른다. 마흔 마냥 기뻐할 수도 마냥 슬퍼할 수도 없는 나이다. 인생의 하프 타임을 어떻게 보낼 것인가를 수도 없이

운동화 지금 당장 신으세요!

고민했다.

괴테가 이런 말을 나에게 들려주는 듯했다.

"꿈을 품고 뭔가 할 수 있다면 그것을 시작하라. 새로운 일을 하는 용기 속에 당신의 천재성과 능력과 기적이 모두 숨어있다."

나에게 운동을 시작한 첫날이 기적이 될 줄을 누구 알았을까. 일단은 남편의 한마디 잔소리에 완전히 나는 내 안의 열정이 다시 살아났다. "나도 할 수 있는 여자라고……." 속으로 오기가 생겼다. 남편에게 무시당하고 살 순 없는 노릇이다.

"나도 젊었을 땐 창창하게 잘 나갔던 커리어 우먼이었다고. 이거 왜 이래!"

하지만, 속으로는 미래가 불안했다. 나의 미래가 보이지도 않고, 아이들, 특히 우리 둘째가 교통사고가 나서 장애가 생겨, 이 아이의 미래가 걱정되었다. 이 모든 것의 스트레스가 먹는 것으로, 밤에 맥주 한 캔을 몰래 꼴짝꼴짝 마시면서 나를 위로하고 달랜 유일한 낙이었다. 그런 나의 심리를 모르는 남편이었다. 지금에 와서는 참 미안하고 고맙고, 사랑스러운 남편이지만 그 당시에는 무심한 남편이었다.

인간은 의지가 바람과도 같아서 바로 실행하지 않으면 의지가 작심 3일이 되고 마는 법. 나는 당장 운동비를 내는 것으로 시작했다. 괴테가 말한 내 안의 천재성이 나오는 계기가 된 날이었다. 꾸준히 매일 저 강도로 30분씩 운동을 했다. 처음에는 쉽지 않았다. 동네 헬스클럽, 아파트에 운동 센터가 있어도 잘 안 가게 되던 나의 의지가 불타오르고 있었다. 그럴 때는 '일단 러닝머신으로 가서 올라간다.'의 아주 작은 목표를 세우고 운동 센터에 갔다. 운동을 해야 하는 이유가 없으니 작심 3일이었다. 헬스클럽에 피 같은 돈을 기부하는 꼴이 되었다. 지금은 그 시작이 몸의 건강을 위한 최고의 저축이 되었지만, 그때 당시에는 강한 동기가 없었는데 잘 된 거였다. 30분 매일 운동으로 면역력이 생기면서 아프지 않은 게 큰 변화였다. 몸살이나 감기 같은 가벼운 질병도 사라졌다. 운동의 효과는 알기는 알았는데 실제로 꾸준히 해보니 운동이 좋은 걸 알게 되었다.

운동화 지금 당장 신으세요!

게으르고 나태하며, 아무것도 하기 싫은 우울한 마음이 '그래도 뭔가 해볼까?'하는 적극적인 마음의 변화로 나타났다. 남편의 한마디가 내 인생 운명의 방향키를 새롭게 돌렸다. 한번 말한 것인데 그 눈빛이 내 마음의 잠재의식에서 무한 반복되었다. 그것은 못을 박는 일과 같았다. 못을 망치로 처음 한 번 때리는 것은, 그 못을 나무 위에 적당히 세우기 위한 행동이다. 하지만 계속 힘차게 내려쳐서 남편의 아내에 대한 걱정이 극에 달하면 그 못은 잠재의식 깊이 박힌다. 어떤 일이든지 반복해서 생각하면 그 힘이 커진다. 남편 '때문에'가 '덕분에'가 된 것이다.

아주 작은 습관이 얼마나 큰 힘이 되어 사람을 변화시키는
지는 우화에서 알 수 있다. 그 실례로 옛날 그리스에 미로
라는 장사와 그의 소 이야기가 있다. 미로라는 사람은 송
아지를 항상 번쩍 들어 올렸다. 하루도 빠짐없이 작은 송
아지를 운동 삼아 들어 올렸다. 잠재의식에 반복되는 행동
은 큰 힘이 된다. 점점 송아지가 커서 황소로 성장해 버렸
고, 무게도 꽤 많이 나갔다. 미로는 자기도 모르는 사이 힘
이 세져서 근육의 힘과 에너지가 황소를 들어 올릴 정도로
장사가 되어버렸다. 매일 반복해서 하루도 빠짐없이 무언
가를 하는 것은 큰 결과를 낸다.

운동화 지금 당장 신으세요!

"87세 대법관 '멋진 할머니'로 사는 긴즈버그 알아?"

"그분이 누구야"

"60세에 대장암과 췌장암에 시달려 온 암 환자였던 여성이 병을 극복한 이야기 있잖아." "노인이면 다 포기하고자 하는데도 긴즈버그는 20년 가까이 근력운동을 해서 현역으로 살아. 다큐 안 봤어?"

"나는 텔레비전 시청 잘 안 하잖아⋯⋯."

"ㅠㅠ"

"긴즈버그 대법관 이야기를 모르다니⋯⋯. 쯧쯧⋯⋯. 몇 차례 암을 이겨낸, 실제로 존재하는 '불굴의 인물이자 진사'인 상한 이미지의 87세의 현역 할머니를 통해서 운동을 하기 시작한 여성이 많아."

"그래서?"

"……"

아무리 남편이 운동을 하라는 간접적인 말로 나를 회유하였지만, 인간의 의지는 그리 강하지 않다. 남편 정도야. "내가 하라는 대로 할 줄 알았나?", "내가 순수하게 따라줄 사람이야!" 난 어딜 가나 청개구리였다. 좋은 말로 하면 '창조성'이 넘치는 사람이지만, 나쁜 말로 하면 '개성이 강한' 특이한 사람이다. 남들이 하라는 대로 그대로 안 하고 내가 하고 싶은 대로 하고 사는 사람이 어찌 순순히 남편 말을 듣겠는가. 운동을 시작한 것도 계속 내면에서 부글부글 끓은 마음이 극도에 달했을 때였다.

겉으로는 괜찮은 척을 하지만, 그래도 찾아보기 시작했다. 할머니는 뭐고, 암은 뭐고, 또 근육 운동은 뭐고, 궁금했다. 능숙한 말솜씨로 일주일에 두 번씩 운동하는 긴즈버그는 무릎을 땅바닥에 대지 않고 "정자세"로 스무 번 팔굽혀펴기. 러닝머신에서 5분간 가볍게 조깅을 하고 묵직한 추에 연결된 봉을 머리 위에서 아래로 끌어당기는 '풀다운'을 3세트 (12회 1세트) 반복한다. 80세에 이 정도의 근력이라면 대단한 것이라고 생각했다. 운동을 하기 전에

운동화 지금 당장 신으세요!

나는 팔굽혀펴기 정자세 하나도 못 했으니까. 아령도 들면서 적극적으로 운동하는 긴즈버그의 모습은 나의 내면의 운동 동기를 끌어올리기 충분했다.

"건강은 건강할 때 지켜야 한다."라고 들 말한다. 아직도 아이들이 어려서 그렇지 젊고 싱싱하고 팔팔한데 긴즈버그 할머니보다 운동을 할 수 있으면 했지 못 할 이유는 없었다. 핑계였다. 시간이 부족하다는 핑계, 육아에 지쳐서 운동 같은 것은 거들떠볼 여유조차 없다는 핑계, 이 모든 핑계가 사실은 게으름이었다. 1분, 5분 운동이라는 것도 있는데 팔굽혀펴기 '정자세'를 하나도 못 하는 중년의 젊은 엄마에게 긴즈버그 다큐멘터리 〈나는 반대한다〉는 신선한 자극이었다.

20대 때는 감기 한 번 안 걸리던 나인데 아이들을 키우면서 몸살도 자주 생기고, 알 수 없는 우울감이 몰아왔다. 평소에 활발하고 낙천적인 사람으로서 주변에 웃음을 주고 즐겁게 사는 사람이 아이들의 육아와 집안일, 경력 단절 등등으로 내 자존감이 바닥을 치자, 더 이상 숨을 곳이 없었다. 아이들을 키운다는 타이틀 하에 나는 내 자신을 그냥 방치했다. 야식을 먹고, 육아의 스트레스를 술로 풀고, 불규칙한 생활에, 주말에는 가족들과 캠핑을 가서 고기를 폭풍 흡입했다. 80세에 열심히 사는 대법관 할머니의 이야기에 나는 부끄러웠다. 더 이상 내 꿈을 방치할 수 없다. 나도 지금의 운동 안 하는 상황에 반대하여 내면에서 오랫동안 가슴에 품고 있었던 소망들이 꿈틀대기 시작했다.

찬란했던 내 꿈은 어디로 갔을까. 내 인생이 이렇게 누구의 엄마, 남편의 아내로 그냥 없어지고 사라져야 하는 것인가. 도대체 내 인생을 망친 건 누구 때문인가. 텔레비전에서 나오는 연예인들은 산후에 관리를 잘해서 그렇게 몸매가 날씬한 것인가. 도대체 무엇이 나를 이렇게 만들었을까? 이러다 내 인생 끝나는 건 아닐까? 그러던 중, 지인 중에 어떤 착하고 열심히 생활하시고 종교적으로 활발히 활동하시면서 사람들을 돕던 고등학교 아이를 둔 마흔 살의 여성이 갑자기 죽었다는 소식을 전해 들었다. 몸이 붓고 갑자기 배에서 복수가 차서 병원에 입원해서 돌아가셨다는 전보를 받고 인생의 의미에 대해서 다시 생각해 봤다.

인생이란 무엇일까? 왜 삶이 이리도 고통스럽고, 태

어나자마자 세상에 옷 한 벌 안 걸치고 왔다가 떠날 때는 그리도 허무하게 가는가? 엊그제 너무나도 건강하게 생활하던 분이 가셨으니 마흔 살에 충격을 받았다. 인간의 삶은 언제 어디서 끝날 줄 모르는 소설이나 영화구나. 이를 어쩌지? 약간 초조함이 몰려오면서 잠을 잘 때 야식을 먹고 자면 아침에 일어날 때 몸이 찌뿌듯하고 일어나기 싫고, 손발이 저리는 현상이 생기기 시작했다. "어라, 이상한데. 내 몸이 왜 예전 같지 않지? 큰일이다. 건강해야 하는데……."

운동을 안 했다. 운동을 할 시간을 따로 내지 못했다. 아들 둘 키우느라 집안일 하느라 인생의 의미를 생각하느라 책도 별로 안 읽고, 다른 대안이 없었다. 누가 인생의 의미에 대해 명쾌한 설명을 해주는 매뉴얼이라도 있었으면 좋으련만……. 내가 무슨 생각을 하고, 내 삶의 목적이나 꿈은 무엇인지 생각한 지가 언 수십 년도 된 것 같았다. 손발 저림의 문제와 삶에 뭔가 막혀 있는 듯, 정신이 또렷하지 않은, 이 상황을 어떻게 해서든 수습해야 할 것 같았다. 직장 다닐 때는 그래도 아침 5시에 일어나 6시 새벽 수영도 가기도 했는데 애들을 낳고 전혀 운동을 할 수 없었다.

오직 숨을 쉬는 짬을 낼 수밖에 없었다. 가끔 자연에 가서 산을 타는 정도와 산책을 하는 정도다. 변화가 없었다. 운동 계획을 짜서 고강도 운동을 좀 해주면 좋으련만 운동을 할 시간을 전혀 못 냈다.

체지방은 붙고, 살은 찌고, 체력이 안 좋으니 움직이기 싫고 허약 체력에 뭔가 변화가 필요해도 별다를 수가 없었다.


남편은 육아를 잘 도와주는 편이지만 엄마로서 느끼는 그냥 알 수 없는 책임감과 여자로서 이제 마흔이 넘어가면서 보이는 신체적인 변화가 익숙하지 않았다. 그냥 놔두는 수밖에. 계속 치맥에, 야식에, 가족과 먹고, 마시고, 운동을 안 하는 삶을 살다가 너무 무기력하고 우울해져서 밤 늦게 술을 꼴짝 꼴짝 마시고, 친구들과 술을 마시고, 애들 몰래, 남편 몰래 밤에 우울해서 맥주 한 캔 마시고, 안주에 위로가 되어 잠깐의 '신의 경지'에 다가오는 술 취함이 좋아서 거의 중독까지 갈 것 같아서 더 이상 운동과 내 몸을 방치하면 아 되는 지경이 온 것이다. 밤에 자고 일어나면 아침에 손과 발이 저리는 증상이 생겼다.

양방은 싫고 한방 의사를 찾아가서 맥을 잡아봤다. 의사가 규칙적인 생활을 하고 식사도 규칙적으로 하고, 보약을 먹어야 한다고 한다. 별다른 큰 증상은 없지만, 뭔가 몸에 변화가 생긴 것이 보인다. 이를 어쩐다? 그때부터 도서관에서 다이어트에 대한 책을 찾아보기 시작했다. 주부 정다연 아줌마가 몸짱이 된 이야기를 담은 책《나를 사랑하게 해주는 봄날의 헬스장》을 읽고 충격받았다. 이 아줌마는 이렇게 운동을 열심히 해서 70킬로에서 48킬로가 되었네. 나도 똑같은 키에 지금 몸무게가 65kg까지 늘었으니 50kg까지는 희망이 있겠다고 생각하여 운동을 시작했다. 뭔가 거창한 것이 아니었다. 일단 헬스장에 가는 것이 내 목표였다. 하지만 목표가 잘 이루어질 리가 없었다. 뭔가 큰 목적이나 내부의 동기가 생기지 않았다. 손발이 저린 것은 잠시 그럴 뿐, 불편하지는 않았다.

"몸짱 아줌마는 헬스 트레이너가 있고, 남편이 연예기획사에 있고, 뭔가 다 뒷받침되니까 저렇게 운동을 잘 할 거야." 하면서 운동을 안 할 합리화를 시켰다. 미루고 미루다가 또 다른 책《디스 이즈 다이어트》를 정독했다. 책의 저자는 과자도 끼니에 포함시켜야 한다고 주장했다. 과자 칼로리가 밥 한 끼라고 했다. 술로 인해 다이어트가 실패로 돌아가는 이야기를 읽으면서 공감했다. 책에서 술을 끊으면 사회생활에 지장이 있다고 누가 그랬는지 모르겠지만 불이익도 아무런 문제도 없다는 작가의 말에 공감이 갔다. 술을 의미 없이 먹는 것이 문제였다. 오히려 술을 끊어서 '긍정적인 효과가 컸다'라는 말을 듣고, 야식에 안주와 맥주에 사람들과 만날 때마다 먹는 고기에다 소주 한잔 등은 이제는 나이가 들어가면서 이별해야 할 때가 된 느낌이 들었다. 왠지 이제는 젊은 날에 많이 마신 술과는 작별을 해야 할 때가 왔다는 직감을 하게 된다.

집안과 밖에서 들어오는 스트레스, 즉 경력이 단절되어 잘 나가던 여성이 한숨에 육아 휴직 후 그 평생직장이라는 교사를 박차고 나와서 초라하게 집에서 아이만 보는 나를 가만히 둘 수 없었다. 사람들과 자주 어울리면서 스트레스를 풀던 내가 집에서 아이들과 있는 시간이 많다 보니 이 위대한 육아의 일을 인정 안 해주고, 아이들 교육을 더 잘 못 시켜주는 무능한 아내를 비난하는 말투와 표정에 섭섭했고, 초라했다. 마흔 이후에 뭔가 거창한 커리어를 가지고 있지 않고 집콕하고 있으면 이렇게 되는구나. 의사가 간곡히 부탁한 규칙적인 생활과 건강을 위해 꼭 운동하라는 말을 간과하지 않았다. 뭔가 변화가 필요했다. 삶이 이러다가 뭔가 삐걱거릴 것이 다분히 보여서 직감적으로 운동을 하기 시작했다.

# 더 이상 이렇게 살아선
# 안 되겠다

생각 없이 살았다. 미래에 대한 계획도 내 몸을 어떻게 가꿔야 건강하게 행복하게 오래오래 살 수 있을까에 대한 아무런 방향성도 없이 그냥저냥 살았다. 건강에 대한 인식을 하지 않았는데 이제는 잠재의식 속으로 나이가 들어오기 시작했고, 더 이상 이렇게 살아서는 안 되겠다는 강력한 계기가 책을 통해 왔다. 정다연 '몸짱' 아줌마는 저렇게 날씬하고 건강하고 20대처럼 보이는데 '나는 뭘 했지?'란 회의가 들었다.

잠재의식에 어떤 염원이 들어오면 반복해서 운동해

운동화 지금 당장 신으세요!

야 할 수밖에 없는 환경을 만들어 준다. 전단지를 현관에서 본다든지 운동하는 헬스클럽이 자주 눈에 들어온다든지 지인들이 어디 운동하는 곳이 좋다고 소문을 내면, 예전에 들어오지 않던 내용이 자꾸 뇌리에 새겨진다. 텔레비전 프로그램에서도 계속해서 트레이너들이 살을 뺀 이야기가 나온다. 주변 친구들이 건강식품을 권하기도 한다. 자기가 염원하고 있는 일이 자주 되풀이된다는 것은 암시를 잠재의식에 심어 주는 가장 강력한 방법이다.

자발적으로 육아 휴직을 했다. 3년 동안 아이들 둘을 키우면서 좋은 경험도 많았다. 보람도 있었지만, 경력 단절이 두려워 마음속에는 항상 걱정했다. 미래에 대한 불확실성에 감정이 항상 즐겁지만은 않았다. 감정이란 무엇이기에, 항상 행복해도 모자랄 판국에 항상 아이를 키우는 엄마에게 들어와 모든 걱정, 미래 상상을 다해가면서 괴롭히는 것일까? 어린 시절부터 삶에 관한 질문과 고민이 많았다. 좋은 생각을 해도 모자랄 판에 자꾸 미래에 대한 불안한 생각만 하고 있었으니 내 마음에 못이 계속 박혔다. 반복해서 운동하지 않고 걱정만 하면 안 하는 힘만 더 강해진다. 걱정 없이 그냥 해야 하는데 잘 안되는 게 인간의 마음이다. 마음의 못을 빼야 했다.

어떤 사람들은 승승장구해서 잘 나가는데 왜 나는 이렇게 아이만 보고 있어야 하지? 나도 결혼하기 전에는 어엿한 커리어 우먼이고 사람들에게 인정받고 행복한 사람이었는데 결혼이 도대체 뭐기에 이렇게 운동도 못하고 아이에게 매여서 나의 자유를 구속하는 걸까? 나에게 집안일 때문에 운동할 시간도 없단 말인가? 도대체 어디서부터 잘못된 것인지 알 수 없었다. 무엇이 원인인지 몰라도 잘못 되어도 한참은 잘못된 느낌이다. 사람은 움직임을 통해서 자유로움을 느끼고 행복감을 많이 느끼는데 이건 아이들 때문에 꼼짝을 못한다.

이렇게 말하는 사람들도 있겠다. 특히 아이를 안 낳아서 직접 육아에 적극 참여해 보지 않은 사람들은 "아이를 키우면서 운동하고 하고 싶은 거 하면 되지 그 시간도 못 찾는 건 핑계가 아닐까요?"라고 말할 수 있겠다. 누구나 자신의 이야기를 그럴듯하게 미화시켜서 좋게 포장해서 인정받고 사랑받고 싶은 마음이 간절하다. 아이를 키우는 일은 끝이 없고, 엄마와 아이라는 평생의 숙명을 함께 해야

운동화 지금 당장 신으세요!

한다는, 그리고 잘 키워야 한다는 의무감 때문에 다른 어떤 활동을 하는 것이 나로선 그 당시에 불가능했다. 그러니 가장 쉬운 먹는 것으로 스트레스를 푼 듯하다. 다이어트와 몸에 가장 안 좋은 것이 먹는 것이라고 하지 않았는가.

적게 먹고, 많이 움직이면, 즉 운동하면 살이 빠지고 건강하고 날씬해진다는 이론은 누구나 상식적으로 안다. 그러나 실천이 되는 사람들은 정말 강인한 의지와 실천력과 열정이 가득하다. 아이를 키우는 엄마들 관점에서 숨쉬기도 운동이라 한다. 호흡만 잘 하면 잘 사는 것이라는 보이지 않는 암묵적인 합의가 있는 듯하다. 그 정도로 운동을 안 하는 것을 정당화한다. 사실 집에 있는 운동 기구들이 얼마나 많은가. 그런 것들만 활용해도 아이를 키우면서 운동을 할 수 있었는데 어린아이를 키울 때는 아이들을 온전히 보호하고 모든 에너지를 육아에 쏟아야 하니 감히 다른 곳에 신경을 쓸 겨를이 없었다.

이렇게 살 바에야 차라리 육아를 포기하고 싶을 정도로 자존감이 낮아져서 몸은 더욱더 비대해지고 50킬로 대의 몸무게가 65킬로를 넘는 상황이 와서 이 숫자만을 봐도 몸이 20대 때와는 다르다는 것을 알고 거울을 볼 때마다 그런 나를 심하게 비난하고 자책했다. "그렇게 몸이 뚱뚱해서 어떻게 이제 밖에 나갈래?, 뚱뚱하면 아무도 관심을 안 가져줘. 여자로서의 삶이 이렇게 끝나는구나." 다른 대안을 찾으려야 찾을 수 없었다. 인간관계는 아파트 내에서 만나는 엄마들과 좁혀졌고, 뭔가 다른 것을 하기에 롤모델을 찾을 수 없고, 아파트 아줌마들과 항상 하는 이야기는 남편 이야기, 살이 찐 이야기, 아이들 키우는 육아 이야기라서 뭔가 생산적이지 않았다. 점점 그런 모임에도 나가기 싫었고, 고립이 되는 듯했다.

뭔가 변화가 필요했다. 아주 큰 변화가 필요했다. 마음속 깊이 이 상황을 바꾸어 줄 수 있는 변화가 필요했다. 그룹 운동을 통해서 먼저 나를 타인에게 인정받기 위한 운동을 하자고 마음먹었다. 서킷 운동은 여러 사람이 원으로 둘러싸여서 트레이너가 가운데 있어서 할 말이 있으면 하면서 운동 자세도 교정해 주어 괜찮은 것 같아 시작한 게 순환 운동이다. 순환 운동의 그룹을 이끄는 트레이너 덕분에 운동에 관해서 나의 삶에 대해서 나눌 수 있는 사람이 있어서 좋았다.

운동화 지금 당장 신으세요!

누군가가 나를 긍정의 렌즈로 봐주는 게 너무나도 좋았다. 다시 운동을 안 하던 시절의 열정이 되살아나서 운동을 시작하길 잘했단 생각이 들었다. 아이들이 조금씩 커서 초등학교에 들어가니 시간이 있었기에 '운동을 일단 등록한다!'라는 원칙을 세웠다. 마음만 있고 행동하지 않으면 변화되는 것이 아무것도 없다. 행동으로 나가서 적극움직였다. 이러다간 가족의 건강도 망치고 나의 미래도 망치겠다는 강한 목적의식과 동기와 의지가 생겨났다. 사람이 바닥을 찍으면 그때 운동을 하게 되고 뭔가 움직이게 된다.

솔직히 집에서 뭔가 운동을 한다고 하고, 기구를 다 사놓고 안 하게 되는 것이 운동이다. 처음에는 운동하러 가기가 싫어서 헬스장에 그냥 가서 '문을 연다!'로 목표를 작게 잡았다. 그런데 그 작은 목표가 일단은 트레드밀에 서게 되고 1분 걷기가 되었다. 1분이라도 우리의 잠재의식은 그것을 성공 경험으로 삼아 계속하게 해주는 힘이 있다. 운동하는데 핑곗거리가 너무 많이 들어오면 집에서 간단하게 운동을 1초 만이라도 하는 것이 좋다. 간단한 운동은 에너지를 분출하게 하고 스트레스를 배출하고 점차 체력이 좋아져 아이를 키우는 엄마들에게 좋다.

처음부터 너무나도 거창하게 시작할 필요가 없다. 이렇게 살 바에는 차라리 운동을 매일 1초만 하자는 생각으로 쉽게 접근해 하나씩 이루다 보면 잠재의식이 놀라지 않게 되어 지속할 수 있다. 운동을 조금씩 하니 짜증도 덜해지고 우울감도 덜 느끼고 나 자신을 가꾸는 시간이 생겨서 아이들에게 화를 잘 내지 않게 되었다. 그것이 운동의 효과다. 다리나 몸에 근육이 생기면서 자신감이 생겨나고 약간의 자존감이 회복되었다. 혼자서 운동하게 되면 쉽게 포기하고 누군가가 보는 사람이 없으니 작심 3일이 되기 쉬운데 일단은 집단 속에서 함께 하는 운동을 찾아서 등록하니 그나마 숨통이 트이는 것 같았다. 저질 체력에다, 무엇을 하든지 힘이 없고, 어두컴컴한 미래를 생각하니 자연히 몸이 망가져 버릴 수밖에 없었다.

하지만 주변의 권유와 나의 강한 느낌, '더 이상 이렇게 살아서는 안 되겠다'는 강한 내적 동기가 생겨 집단에 소속되어 운동하는 느낌은 한마디로 '오아시스'였다. 이 좋은 것을, '나를 위한 시간 30분을 왜 못 떼어놓았을

운동화 지금 당장 신으세요!

까…….' 속으로 '좋다. 좋다. 좋다.'를 외치면서 운동을 계속했다. 일단은 사람들과 함께 움직임을 느끼고 공간에서 대화할 수 있어서 육아의 답답함이 좀 해소된 듯하다. 인류학자들은 집단적 행동에서 사람들은 행복감을 느낀다고 말한다. 그것이 사회적 결속을 강화하는 것이기 때문에 중요하다고 한다.

어떤 학자들은 사회적 협력을 설명하기 위해서 개코원숭이와 고릴라의 사회적 그루밍에 관해 연구했다. 동물들이 서로의 진드기와 벼룩을 잡아주고 엉킨 털을 풀어주는 그야말로 천국이 따로 없는 행동을 하는 것이다. 즉, 천국과 지옥의 예화에서 알 수 있듯이, 천국에서 사는 사람들은 긴 막대 숟가락으로 서로의 수프를 떠먹여 주는데 지옥에 사는 사람들은 서로 자기 것만 먹겠다고 긴 막대 숟가락으로 자신을 향해서 수프를 떠먹으려니 결코 음식을 먹을 수 없어 괴롭다. 동물들에게 일어나는 그루밍은 위생이나 외모 관리를 위한 행동이 아니라 결속을 다지는 방식이다. 운동도 집단으로 함께 하면 혼자 하는 것보다 몇 천 배 더 좋다. 효과는 결속력이 있기 때문이다. 누군가에게 접촉된 느낌은 엔도르핀이 분출되게 하고 그러면 관계가 강화되고 진정한 동맹이 맺어진다. 털을 손질해 주는 영장류는 갈등 상황에서도 음식을 나눠 먹고 서로 도울 가능성이 더 크다. 운동을 함께 하는 것 자체가 서로에게 정보도 얻어 내고, 건강에 관한 조언과 경험을 공유할 수 있으며 나의 이야기를 들어줄 수 있는 사람들에게 공감받을 수 있다.

아이들을 키우는 초기에는 누군가 명언을 해도 그런 말이 와 닿지 않았다. 마윈이 이렇게 말한 명언을 들을 수 없었다. "선택하고 견디고 또 견뎌라. 절대 포기하지 마라. 포기하지 말라."고 했는데, 그러면 풍요롭고 건강하고 자유롭게 산다는데 그때는 그런 말이 들어오지 않았다. 어둠에 있었을 때에는 빛이 안 보이다. 하지만 내면의 빛을 보는 순간 그 빛은 방을 환하게 해서 밝은 곳으로 이끈다.

육아하는 시간이 나에게 얼마나 소중하고 값진 경험인 줄 모른다. 이제는 그 아이들이 많이 커서 스스로 많은 일들을 해나가는 독립된 개체로 잘 컸지만, 내가 운동에 빠지게 된 계기가 된 것도 아이들 덕분이었다. 역경은 축복을 가장한 신의 선물이다. '이렇게 살 바에야……'가 완전한 도전과 모험의 시작이 될 줄은 꿈에도 몰랐다. 운동

운동화 지금 당장 신으세요!

을 하다가 말다가 하는 것이 아닌 꾸준히 포기하지 않고 끝까지 건강해지려면 매일 조금이라도 움직이자.

# 이제는
# 내 몸과 마음을 지킬 때

"숨을 크게 들이마시고 내쉬세요."

"회음부의 괄약근을 꽉 조이고 '코어'라는 단전에 에너지와 근육을 집중시킵니다."

"배꼽 윗부분까지 근육을 꽉 조인 다음, 정수리 끝으로 에너지가 솟아오르는 것을 상상하세요."

운동을 하다가 말고, 요가 선생님이 갑자기 몸이 아니라 마음을 다루었다. 40대 이상은 몸이 말을 잘 안 들 때가 있

운동화 지금 당장 신으세요!

다고 한다. 예전처럼 몸이 잘 안 따라올 때는 마음도 챙겨야 한다면서 마음을 자꾸 쉬게 하는 호흡 명상을 했다. 마음이 편안하고 잡생각이 사라진 듯했다. 다시 호흡을 의식하지 않으니, 원래대로 이런저런 상념에 사로잡혔다. 누구나 세월이 지나면 나무의 나이테가 하나씩 늘듯, 마흔이란 나이는 사람들이 대부분 인생의 반 이상의 나이테를 지니게 된다. 이 나이테가 건강하고 싱싱하면 좋으련만 육아에, 살림에, 직장을 다닌다면 직장에서 받는 스트레스에 삶이 호락호락하지만은 않다.

몸은 마음의 집이다. 마음이 허허할 때가 많은 게 마흔의 여성들이다. 더 이상 20대처럼 쌩쌩하지 않은 자신 몸을 보면서 거울 속 자기에게 계속 어디가 안 좋다고 하는 신호를 무시하고 있다. 건강하다면 괜찮다고 넘어갈 일을 조금만 이상이 있으면 신경 쓰인다. 어디가 아프다면 마음의 고통스러운 소리가 들린다. 건강과 외모에 만족하는 마흔이 몇 명이나 될까? 건강과 외모, 둘 다를 언제나 청춘으로 간직하고 싶은 게 마흔의 간절한 마음일 것이다. 하지만 거울을 보면 하나씩 늘어가는 흰머리와 20대 때는 어딜 가나 나이 드신 분들이 이렇게 말하였다. "그 나이 때에는 아무것도 안 발라도 너무나도 예쁘고 고아."

이제 그런 나이가 되어가는 마흔의 중반쯤에서 실감이 난다. 몸도 중요하지만 마음을 잘 다스리지 않으면 존재의 정체성이 무너진다. "지금까지 내 안에 나는 없었다."라고 외치는 나이가 마흔인 것이다. 자신을 위하지 않고 오직 가족과 타인을 먼저 챙기고, 자신은 챙기지 않는 정체성의 혼돈을 겪는 시기가 마흔이다. '나'를 잃어버리고 인생의 항로를 수정해야 할 시기에 나침반이 없다. 어딜 가서 호소할 수도 없는 지혜와 젊은 혈기가 왕성할 수도 있는 시기에 정체성이 요동친다. "나는 진짜 누구란 말인가?"

요가하는 공간에서 20대와 30대의 탱탱한 몸을 보면서 부러워 힐긋힐긋 쳐다본다. 이도 저도 아닌 중간에 낀 세대가 마흔이다. "건강을 되돌려다오"라고 외쳐도 스스로 책임을 져야 할 '나이'다. 몸은 마음의 반영이기 때문에, 얼굴에 나타난다. 얼굴이 밝고 환하면 건강관리와 마음 관리를 잘한 것이다. 하지만 왠지 모르게 마음이 우울하고 얼굴이 어두우면 내면의 마음까지 관리해야 할 마흔인 것이

운동화 지금 당장 신으세요!

다. 운동을 시작하게 된 계기도 주변에서 아주 건강하던 지인들이 갑자기 병에 걸리고 죽고, 어디선가 몸에서 고통이 느껴진다는 주변 사람들의 괴로움 때문이다. 어디가 아프다고 해서 검진을 받아보니 암이라고 진단을 받는 마흔 이후의 사람들이 종종 있지 않은가.

자기관리에 소홀했을 수도 있는 마흔이다. 내적 치유를 통해 마음의 자유를 얻어야 한다. 몸과 마음의 균형을 위해 가볍게 운동하는 정도로 시작하면 시작이 좋다. 일단 어떤 운동이라도 간단하게 시작하는 것이 좋다. 생존을 위해 최소한으로 운동한다고 생각하고 아주 조금씩 몸을 움직여 운동에 익숙해야 주변 환경과 조화를 이룬다. 몸과 마음의 조화가 가장 중요한 시기가 마흔이다. 이때 새 출발을 위해서 건강과 마음 관리를 잘해 놓으면 인생 후반전을 잘 보낼 수 있다. 거울 속에서 당당한 자신감 있는 모습을 찾고, 진정한 나 자신으로 살아가는 기쁨은 오직 운동을 통한 자기관리다.

건강이 가장 우선시 되는 세상에 살고 있다. 건강을 잃으면 모든 것을 잃어버린다. 그래서 가급적이면 마흔에는 소식을 하고 운동을 규칙적으로 꾸준히 해야 한다. 뷰티의 개념뿐만 아니라 자신의 마음을 지키기 위해서라도 운동은 절대적으로 필요하다. 숨을 쉬는 호흡운동부터라도 좋다. 일단 몸을 움직여서 에너지를 흐르게 하면 마음도 상쾌해진다. 습관을 만든다는 것은 처음에는 저항이 있지만 반복하면 자신감 있는 자신으로 거듭날 것이다. 처음부터 운동을 크게 시작했더라면 지속하지 못했을 것이다. 과유불급으로 조금씩 아주 작게 시작해서 쌓이고 쌓인 게 체력이다. 건강해야 꿈을 이룰 수 있고, 건강해야 세상의 좋은 것을 누릴 수 있다.

지금의 내 모습은 과거 습관의 결과물이다. 만약 지금 마음이 불안하고 두렵고 미래가 막막하다면 일단 몸을 움직여 보자. 자신을 너무 크게 다그치면 내면의 마음이 놀라서 원래 자기관리 안 하던 때로 돌아갈 수 있다. 습관을 살살 달래어 아주 작은 운동부터 시작한다. 예를 들어 1초 숨쉬기 운동을 운동이라고 간주하고 이것을 정기적으로 규칙적으로 호흡을 의식하면서 움직여 주는 것이 마음을 지키는 방법이다. 지금 잠시 거울을 가져와서 자신의 얼굴을 바라보자. 거울 안의 눈을 보면서 스스로 "지금까지 열심히 살아줘서 참 고맙다"라고 말해보라.

몸과 마음을 지키기 위해선 지금 여기에서 시작하는 것이 좋다. 미루고 또 미루면 언제 자신을 돌보겠는가. 마흔이 되면 누군가가 나를 대신해서 살아줄 수도 없고, 대신 아파줄 수도 없다. 그만큼 사회에서 책임이 중하게 얹어진 시기가 딱 중반인 마흔이다. 나의 몸과 마음에 책임을 져야 하는 새로운 마흔으로 태어나보려고 노력하자. 마흔 이후의 자신의 삶을 스스로 아름답고 소중하고 건강하게 관심을 가지기 위해서는 어떤 노력이든 새로운 시도를 할 필요가 있다.

《마흔부터 시작하는 백세운동》 저자 나영무 솔병원 원장은 "신체는 26살부터 노화가 진행되어 40대 때에는 본격화된다."라고 말했다. 40대에는 계속 근 손실이 일어나기 때문에 운동을 해서 근 손실의 속도를 줄이지 않으면 마음을 못 챙기게 된다. 마음의 집이 무너지기 시작하면 몸이 피로하고 자꾸 쉬려고 하여 근육을 더 안 쓰게 되어 체력이 무너지기 십상이다. 자존감이 높고, 당당하여, 건강미 넘치는 자신이 되고 싶다면 지금부터 아주 작은 운동

숨쉬기 운동부터 시작하자. 호흡이 가장 중요하다. 운동은 호흡을 의식하기 위해서 한다. 숨이 찰 정도로 운동할 때 살아있다는 온몸의 감각을 느끼게 된다. 살아있는 것을 의식하는 것만으로도 감사한 일이다.

타인에게 보이는 '나'가 아니라 자신에게 떳떳하고 괜찮은 나로 사는 것이 당당한 40대의 자기관리다. 마흔이 되어 20대 때에 읽었던 독일 여류 작가 루이제 린저가 쓴 '생의 한가운데'는 새로운 인생관을 생각하기에 충분했다. 주인공 니나는 그녀를 사랑한 의사 슈타인 박사와 사랑을 통해서 진정한 자신으로 살아간다. 마흔이 되어 이런 사랑 이야기에서 자신을 사랑하는 사람으로서의 니나의 모습에 감명받는다. 있는 그대로 자신의 생을 그대로 받아들이고 매순간 기쁜 열정으로 사는 니나처럼 몸과 마음이 균형을 이루어야 할 것이다. 암에 걸려 시한부 인생을 살면서도 18년 동안이나 오로지 니나만 보며 열정을 고요하게 가슴에 잠근 채 살아가는 슈타인의 삶은 '과연 자신으로 사는 것일까'를 생각해 본다.

몸과 마음 관리가 뜻대로 안 될 때는 후회가 생길 것

운동화 지금 당장 신으세요!

이다. 그것 역시 삶의 과정이다. 하지만 좀 더 열정적이고 활발하게 인생의 하프 타임을 잘 살아가기 위해서는 운동을 의식할 필요가 있다. 예쁘고 고운 마음을 잘 지킬 수 있는 운동을 통해서 조금씩 줄어들고 있는 우리의 시간을 붙잡자. 몸과 마음이 균형을 이루기 위해서는 먼저 마흔은 스스로 챙겨야 한다. '남들에게 비친 나'가 아니라 '자신에게 스스로 만족하는 자신'이 되자. 진짜 자아로 살아가는 방법은 오직 운동이다. 떳떳함으로 자신감 있게 살아가는 진정한 마음의 집인 몸을 보살필 필요가 있다.

잠재의식 속에 강력히 자리 잡은 운동 안 하는 프로그램을 바꾸기 위해서는 아주 작은 습관을 들일 필요가 있다. 운동하는 습관으로 바꾸기 위해 무엇이든지 딱 재미로 1분만 해보자는 생각으로 운동을 시작했다. 마음을 보살피지 않으면 몸도 쳐진다는 생각에 일단 마음을 잡기 위해 지속해서 암시를 걸었다. 예진에 운동했을 때의 고마웠던 감정을 끌어들여서 잠재 의식적인 마음인 몸에게 이미 운동해서 건강하고 활기찬 아름다운 몸을 계속해서 상상했다. 실제로 감정이 마음에서 발현되어 몸이 움직이기 시작했다.

자기 전에 항상 만들고자 하는 멋진 몸을 가지고 있는 모델의 사진을 보면서 잤다. 그것이 기도되었다. 잠재의식은 자기 전에 가장 잘 활성화된다. 이때 되고자 하는 꿈의 이미지를 보면 자는 동안 잠재의식이 행동하도록 답을 준다. 자기 전의 이미지는 구체적으로 운동을 하게끔 목표를 주었고, 종이에 목표를 쓴 다음 하나씩 작게 실천했다. 60세에도 자신 일을 하면서 건강한 아름다운 분들의 사진을 자기 전에 봤다. 그들은 일단 먹는 것을 의식적으로 가려먹고 조금씩 운동하는 것을 늘려갔다. 절로 건강하고 체력이 좋은 몸으로 바뀌었다.

1954년생 우리나라 나이로 63세 모델 크리스티 블링클리와 61세의 야스미나 로시는 40대인 나의 건강에 대한 운동 목표를 지속해서 잡게 할 수 있는 충분히 매력적인 할머니들이었다. 우연히 알게 된 이 모델들의 사진을 보고 더 이상 이렇게 살고 싶지 않고 멋지게 나이 들고자 했다. 60대와 70대가 되어도 20세처럼 보이는 방법은 꾸준한 자기관리다. 롤 모델 사진을 자기 전에 계속 보고 자면 잠재의식에 건강한 삶과 운동에 대한 욕구가 스멀스멀 계속 살아난다. 오늘부터 자기 전에 반드시 자신의 워너비의 삶을

운동화 지금 당장 신으세요!

살고 있는 여성들의 이미지를 구해서 프린트해 자기 전에 반드시 기도하듯이 보고 잠에 들자. 변화가 생긴다.

# 70세 할머니도 하는 거라면
# 나도 할 수 있다

"감사의 마음을 깊이 느낄 때 우리는 변화한다. 감사
의 감정을 마음속에 품고 그것을 분명한 의도와 연결
하면 놀라운 일이 벌어진다. 더 이상 삶을 불평하지
않겠다고 결심하는 그 순간 사람은 변한다. 그때 우리
는 그 새로운 일을 감정적으로 경험하기 시작한다. 우
리의 뇌와 몸이 변한다."

- 조 디스펜자

노년기가 되어도 건강하게 사는 모습을 떠올려야 했다. 지
금 이대로 운동을 안 하고 산다면 앞으로 노화가 진행되면

운동화 지금 당장 신으세요!

서 어떻게 몸이 바뀔 것인지 안 봐도 알 것이기에 각성이 일어났다. 주변에 봐도 노인들이 건강하게 다니는 경우가 별로 없고, 아프고 종합병원이라고 말하면서 자신의 처지들을 불평하는 모습을 보면서 의도를 세웠다. 나이가 들어도 정말 건강하게 살기로 마음을 먹었다. 역산 스케줄링을 해봤다. 미래의 내가 지금의 나를 볼 때 반드시 몸을 움직이고 건강한 생활을 해야만 했다. 몸도 지키고 마음도 지켜야지 계속 운동 하지 않다가는 우울한 미래의 모습이 너무나도 선명하게 그려졌다. 건강하게 활동하는 롤 모델들의 사진은 충분히 건강하게 살 수 있다는 확신을 주었다.

이젠 어렴풋이 알고 있던 것을 몸이 화학적으로 반응한 계기가 생겼다. 계속해서 지금 마음을 감사함으로 돌려 움직이지 않으면 내 몸이 고마워하지 않을 것이란 생각이 들었다. 미래의 나로 가서 자주 지금 어떻게 살아야 하는 시를 상상했다. 잡지나 멋진 몸매의 이미지들을 보면서 몸과 마음이 건강하고 젊게 살기 위해서는 필살기로 운동을 해야겠다는 마음이 들어왔다. 간절하다면 통한다고 했던가. 몸이 움직이기 시작했다. 그러나 너무 큰 목표를 처음부터 잡으면 잠재의식이 놀라서 지레 포기함으로 천천히 아주 작은 운동 습관부터 들이기로 마음먹었다.

　　나이가 들면 기억력이 감퇴하고 뇌 질환이 생기는 등
등의 일반적인 의식이 있지만, 주변에 건강한 70세 이상
의 마라토너, 철인 3종경기 할머니들, 보디빌딩 대회 우승
할머니를 보면 세상의 진리는 상대적이란 느낌이 든다. 건
강한 나이의 노인들을 보면서 때로는 예외가 있다. 그들의
습관을 따라 하면 건강하게 살 수 있을 거란 생각이 들었
다. 아주 간단한 운동 1초든 1분이든 먼저 뇌를 깨우는 목
을 좌우로 돌리는 명상으로 시작했다. 스트레칭, 간단한 신
체 운동, 걷기, 일단 몸을 평소에 안 하던 방식으로 움직임
을 주었다.

　　"간단한 신체 운동만으로도 뇌를 단련하게 된다!"라
고 뇌 전문가들은 말한다. 일단 간단하게 할 수 있는 운동
으로는 손을 반대쪽으로 사용하면 뇌를 깨우게 되어 뇌를
자극할 수 있다고 해서 왼손으로 글씨를 써보기도 했다.
어디에서나 몸의 스트레칭을 위해 의자를 잡고 앉았다 일
어나는 것을 몇 번만 했다. 스트레칭은 뇌와 몸을 연결하
는 신경을 다시 정리하는 과정이라서 하루 중 어느 때라도

자주 해주면 좋다. 평소에 사용하지 않는 근육을 펴거나 신체를 뒤트는 것만으로도 뇌에 자극이 가해져서 뇌 기능이 향상된다. 그래서 운동을 하게 되면 머리가 좋아진다.

가장 좋은 운동은 걷기다. 걷는 행위는 발바닥을 자극해 감각을 키워 균형감각과 소뇌 기능을 향상해 인지력이 발달한다. 근력을 하체에 많이 가하기 때문에 집중력이 강화되면서 전반적인 인지력이 높아진다. 마음을 차분히 하고 70대 노인들이 조용히 삶을 관조하는 것처럼 명상을 자주 했다. 명상은 호흡을 의식하는 것이어서 몸의 순환에 좋다. 뇌가 노화되는 것이 일반적으로는 전두엽의 피질이 얇아지기 때문이다. 하지만 명상하면 얇아지는 속도를 늦추고 피질이 얇아지는 것을 막는다. 전두엽의 피질이 두꺼워지면 뇌 기능이 향상된다. 일반적으로 우리는 70세가 되면 노화가 일어난다고 믿고 있는데 명상하거나 운동을 한 노년층은 젊은 사람들처럼 건강하다.

가볍게 운동하기로 시작하니 운동이 습관화되었다. 처음부터 1시간 운동해야 한다고 새해의 다짐을 했다면 100퍼센트 작심삼일로 갔을 텐데 시작을 1초로 시작하고,

일단 '헬스클럽의 문을 열기'로 정했다. 기분이 안 내키면 가지 않는 것으로 하니, 시행착오는 있었지만 결국 운동이라는 습관의 씨앗에서 싹이 났다. 점차 자동으로 헬스클럽에 가는 게 습관화되었다. 문을 열고 들어갔지만, 오랫동안 있지 않았다. 일단 러닝머신에서 1분간 걷든지, 뛰든지 딱 1분만 하고 내려왔다. 부담 없었다. 너무 처음부터 크게 운동하겠다고 마음먹으면 포기했을 것이다. 직감적으로 운동을 시작하는 처음에는 오래 많이 해서는 안 된다는 것을 느꼈다.

공원에 가보면 할머니들이 하는 운동 기구가 있다. 아주 쉬운 기계로 된 운동 기구가 있다. 처음 운동을 시작할 때 아주 쉬운 것에서 시작하는 것이 좋다. 운동은 하는 것이 안 하는 것보다 좋다. 정기적으로 운동을 꾸준히 하는 것이 혈당치를 낮추는 호르몬인 인슐린의 감수성이 높아져 혈당치가 금세 떨어지는 체질이 되어간다. 건강을 위해선 어려운 운동을 힘들게 하는 것보다 아주 쉽고 간단하고, 실패할 수 없는 아주 작은 단위의 운동을 매일 꾸준히 하는 것이 좋다.

운동화 지금 당장 신으세요!

습관(習慣)이란 '어린 새가 날개짓을 연습하듯 매일 반복하여 마음에 꿰인 듯 익숙해진다!'라는 뜻이다. 처음 태어난 새는 나는 연습을 매일 해야 하고, 갓난아이는 걸음마 연습을 하여 걸을 수 있듯이, 몇천 번을 넘어지고 다시 일어나서 걷고, 넘어지고를 반복해야 습관이 완전히 생긴다. 만약 걷기를 배우는데 걷는 행위를 멈춘다면 걸을 수 없을 것이다. 계속 걸어야 다리도 튼튼해지고 건강해진다. 나이 들어서 건강하게 살기 위해선 자신만의 습관적인 운동을 아주 간단하게 몇 분이라도 매일 하는 것이 좋다. 자전거를 생각해 보자. 자전거의 페달을 밟지 않으면 자전거가 넘어진다. 어떤 경우에라도 외부에서 어떤 압력을 가해야지만 근육이 생기고 체지방은 타고 혈당치는 낮춰진다.

우리가 가장 걱정하는 질병들은 혈당치가 상당히 높아서 생기는 것이다. 유산소 운동은 건강에 필수적이다. 유산소와 무산소 운동을 같이 해주면 근육이 생겨 더불어 좋다. 유산소 운동은 수영, 걷기, 달리기, 자전거 타기가 있는데 너무 오래 안 해도 좋으니 하루 10분 만이라도 아파트 동네 한 바퀴 걸어도 좋다. 운동을 거의 하지 않던 사람은 5분 만이라도 좋다. 차츰 익숙해지면 그때는 운동량을 늘려도 좋다. 유산소 운동과 동시에 근력운동을 하면 당 대사가 활발하게 이루어지는 몸으로 바뀐다. 건강은 물론이고 체력도 좋아져 무엇이든 의욕적으로 할 수 있다. 근력운동은 간단하다. 의자 두 개를 붙잡고 앉았다 일어났다, 다리를 들었다 올렸다, 복근에 힘을 주고 런지를 하거나 무릎을 최대한 들어 올리는 운동은 생활 속에서 할 수 있는 가장 간편한 운동이다.

이런 간단한 운동으로 시작하여 5분씩 달리기로 시작하여, 매일 30분씩 달리는 것이 그저 좋아서 하프 마라톤까지 성공했다. 다음으로 생애 버킷리스트인 '마라톤 풀코스 42.195km 완주했다. 풀코스 완주는 어려워 보였다. 하지만 역산으로 미래에서 지금 해야 할 행동을 생각해 보니 매일 훈련을 하면 될 것 같았다. 아주 작게 시작한 운동이 습관이 되면서 매일 30분씩 조깅을 하기로 결심했다. 대단한 발전이다. 체력이 저하되고 몸이 안 좋아서 시작한 운동이 풀코스까지 가는 체력으로 바뀌게 만들었으니 참 고맙다.

운동이 습관이 되어 완전히 달리지 않으면 이상할 정

도가 되어 세계 어느 나라를 거든, 국내에 여행을 가든, 어떤 옷을 입고 있든지 그저 매일 "30분 달리기!"라고 매일 외치는 운동을 했다. 생애 첫 마라톤 대회인 조선일보 춘천마라톤 대회에서 4시간 33분에 악천후 속에서 완주했다.

풀코스를 달리고나서도 바로 회복이 되는 체력으로 바뀐 것은 아주 작은 운동 습관 덕분이다. 약골이라고 생각한 나의 고정관념이 완전히 깨졌다. '뭐든지 할 수 있다는 자신감'이 생겼다. 마라톤은 젊은 연령대에서 중장년까지 다양한 연령대가 가볍게 달릴 수 있는 가장 간편한 운동이다. 파우자 싱Fauja Singh이란 100세 마라토너가 2011년 11월 17일에 토론토에서 열린 마라톤 대회에서 8시간 11분 06초 기록으로 풀코스를 완주했다. 100세의 나이에도 마라톤을 달릴 수 있다는 열정이 있는데 마흔인 나도 '할 수 있다'라는 생각이 들었다. 고령자들도 완주하는데 마흔인 '나'라고 못 할 이유가 없었다.

우리나라에서도 마라톤 10km 정도는 고령자들이 달린다. 82세의 김용순씨는 매년 꾸준히 마라톤에 출전을 하지만 건강과 활기를 유지하고 있다. 국가와 가정의 부담을 덜어주고 있다는 기사를 읽고, 젊어서부터 건강을 관리해야지 나이가 들어도 활기차게 살 수 있다는 생각이 자꾸 들어왔다. 모든 것을 다 가졌어도 건강이라는 재산을 잃으면 다 잃은 것이기에 항상 삶의 우선순위를 운동에 두었다. 운동이 자동 습관이 되고부터는 건강을 최우선시해서인지 언제나 활력이 넘치고 열정이 넘친다. 이렇게 도전을 계속하면서 마라톤 풀코스를 여러 번 뛰어도 체력이 펄펄 날 것 같은 몸으로 바뀌자 진짜 나의 버킷리스트인 철인 3종 경기도 역시 할 수 있다는 생각이 들어왔다. 체력이 안 좋을 때에는 그런 생각이 아예 없었는데 운동을 꾸준히 하다 보니 철인 경기 도전도 할 수 있을 거란 생각이 들었다.

평소에 존경하는 멘토인 오현호 부시 파일럿의 도전기를 세바시에서 봤다. 하와이 철인 3종 킹 코스(수영 3.8km, 싸이클 180km, 마라톤 42.195km)를 완주했다는 강연은 나의 가슴을 움직였다. 철인 3종이라는 말은 익숙했는데 과연 내가 할 수 있겠느냐는 걱정이 있었다. 하지만 풀코스를 여러 번 가볍게 성공시킨 것을 보니 수영도 할 수 있고, 싸이클은 그냥 동네 생활 자전거이지만 연습하면 될 것 같았다. 마라톤은 주 종목이니 걱정이 없었다.

운동화 지금 당장 신으세요!

그러나 통영 철인 3종 경기, 올림픽 코스에 갑자기 도전을 하고 싶어서 함께 하는 후배들과 등록하고 나니 연습 시간이 겨우 4개월, "왜 내가 신청했지?"라는 후회를 계속했다. 하지만 한번 하겠다고 약속한 말은 절대로 주워 담지 않는 나의 성격 탓에 열심히 연습하기로 하여, 수영장에 등록하고 한강에서 강을 건너는 오픈 워터 연습을 했다. 생애 최초의 도전을 했다. 살아있는 느낌이 들었다.

한강에서 용기를 얻게 된 계기는 70세 할머니의 오픈 워터 수트 덕분이다. 잠수부 모습을 하고 수영을 하며, 80세 정도 되어 보이는 백발의 노인들이 너무나도 건강하게 사이클의 딱 달라붙는 복장을 하고 한강을 누비는 모습에 입이 떡 벌어졌다. 나이가 든 분들도 인생을 기쁘게 즐기는 모습을 보고 철인 3종을 거뜬히 할 수 있다는 강한 신념을 가지게 되었다. "나는 젊잖아. 저분들은 70대와 80대야. 나는 40대라고." 사람들에게 이렇게 열변을 토했다. 60대 모델들도 20대처럼 사는 사람들도 있다는 걸 매일 봤기 때문에 잠재의식이 할 수 있을 거란 힘을 줬다.

달리기 연습을 할 때 한강에서 수영하는 분들을 보면

서 시각화했다. 나도 언젠가 저렇게 "스위스의 베른 강의 에메랄드 색깔의 물에서 수영할 거야"라는 서원이 이루어졌다. 실제로 한강에서 수영을 해보니 태양이 뜨는 아침에 윤슬을 받으며 물 위에 떠 있는 기분은 최고였다. 한강도 스위스만큼이나 아름다운 곳이라고 생각한다. 이렇게 아름다운 대한민국에 좋은 시설과 자연환경이 있는 건 축복이다. 같이 수영하는 팀에는 20대 수영강사인 후배가 있어서 아주 안전했다. 인명구조 자격증이 있어서 물에 빠지면 언제라도 생명을 살려줄 빨간색 인명 구조 튜브를 항상 들고 다녀서 편안하게 수영했다. 철인에 도전해볼 생각이 있는 분들은 철인 동호회에서 꼭 정보를 많이 얻어서 같이 하는 것이 좋다.

생각보다 한강 물은 수영하기에 아주 적합한 수질과 물이 맑았다. 해병대와 해양대학교에서 정기적으로 수질을 보호하기 위해서 물 정화를 하는 것을 봤다. 잠실 수중보는 안전하게 오픈 워터를 즐길 수 있도록 허가된 곳이다. 이곳에는 철인 경기가 열리기 전에는 많은 철인들이 와서 오픈 워터 연습을 한다. 구명 부이를 메고 하나씩 수영하는 모습을 보면 세간의 주목을 받는다. 철인 경기에

운동화 지금 당장 신으세요!

같이 출전하기로 한 일행들과 함께 한강에 처음 들어가 보니 생각보다 한강 수영이 어려운 것이 아니었다. 두려움만 극복하면 누구나 다 할 수 있다. 더군다나 부이가 있어서 호루라기도 있고, 사람들이 많이 있어서 안전하게 팀으로 연습하면 누구나 수영할 수 있다.

나의 생의 큰 버킷 리스트 하나인 철인 3종 경기도 그렇게 연습이 시작되었다. 점점 더 갈수록 체력이 강해지는 마흔의 아줌마는 10대와 20대의 열정과 체력으로 팔팔 날아다니는 에너지를 터보처럼 장착하게 된다. 밤마다 건강한 모습을 이미 누리고 있는 분들의 사진을 보면서 이미지 트레이닝을 한 것이 어떤 도전이든 성취하게 했다. 철인 경기도 버킷리스트에 있었는데 쉽게 성공할 수 있었던 이유도 날마다 조금씩 더 나아지는 운동을 지속했고, 밤마다 이미지를 1분이라도 피니시 라인을 통과하는 영상을 마음에서 상영했기 때문이다.

# 느리게 걷기부터
# 시작하자

건강한 습관을 들이기 시작하니 아침에 일어날 때마다 기분이 좋고 삶의 꿈들이 생기고 하루하루 일어나는 게 설레게 되었다. 매일 아침에 30분씩 산을 걷는 산책도 필수 일과가 되었다. "적절한 코어 운동과 꾸준한 걷기 습관이 중년의 건강한 몸을 관리하고 유지하는 데 중요합니다."라고 머콜라 박사는 말한다. 걷기는 코어와 근육을 강화하고 전신운동이기 때문에 언제 어디서나 할 수 있다는 장점이 있다. 운동을 하지 않았던 습관에서 운동을 생활화하는 습관으로 만들기 위해서는 하루에 5분이라도 의식적으로 걷는 것이 좋다. 처음부터 30분 이상 걸으라고 하면 무리다. 일

운동화 지금 당장 신으세요!

단 1분부터 시작하는 것도 좋다. 자연이 있는 곳에서 천천히 삶을 돌아보면서 자신과 대화하면서 걷는 것이 좋다.

40대 이후에는 근력운동과 유연성 운동, 고강도 운동 등을 해야 한다는 소리는 일단 듣지 말자. 이유는 운동하지 않는 사람들에게 갑자기 고강도 운동이나 근육 운동을 위해 무거운 아령을 들라고 하면 힘들다고 포기하게 된다. 머콜라 박사는 나이가 들면서 생기는 신체의 변화가 20대 후반이나 30대에 자연스럽게 진행되지만, 40대를 맞이하면서 "늙는다!" 혹은 "노화가 시작되었다"라는 느낌을 크게 받는다고 한다. 나이는 숫자에 불과하지만, 마음에서 어떻게 해석하느냐에 따라서 20대와 30대의 느낌이 다른 것을 누구나 인지할 수 있다. 이때 그런 나이 인식을 더디게 하는 것이 운동하면서 즐겁고 상쾌한 느낌이다. 운동을 통해서 나이 관련 근육 손실을 막아주고 인지력의 퇴화를 늦추고, 미토콘드리아 생성의 감소를 되돌려 효과적으로 노화를 막을 수 있다. 가장 쉽고 간편한 운동이 '걷기'다.

사람들은 자동차가 발달하기 전에 평소 1만 보 이상을 걸었다. 요즘은 대중교통의 발달과 자동차의 사용 빈도 증가, 바쁜 일상생활로 걷기를 생활화하는 사람들이 많이 줄어들었다. 대체로 5,000보에서 8,000보 정도를 걷는데 의식적으로 걷기를 실천하는 것과 그저 바쁜 일상에 쫓겨서 걷는 것은 엄연한 차이가 있다. 최근 보건복지부의 지역 사회의 건강 조사 결과에 따르면 걷기가 실천하는 횟수도 줄고, 비만 비율이 증가인 추세라고 한다. 걷기가 일상화되었던 과거의 질병 발생 빈도는 그리 높지 않았다. 하지만 걷는 횟수가 줄어든 현재는 알 수 없는 질병과 비만으로 인한 사회적인 손실이 크다.

걷기가 주는 운동의 효과는 크다. 가장 쉽고 간편하고, 특별한 장소와 장비나 비용이 들지 않아서 남녀노소 누구에게나 안전하게 쉽게 할 수 있다. 하루 30분만 걷기를 해도 혈액순환이 좋아지고, 심혈관계 질병 발생 빈도를 낮추고, 호흡기의 기능이 좋아지며, 스트레스가 많이 사라지고, 면역 기능이 좋아진다. 허리와 다리의 근육이 증가하고 노년에 건강한 신체를 유지하게 해준다. 내장 운동을 증가시켜 노폐물을 체외로 배출하고 신체를 건강하게 유지해준다. 걷기는 우울증 예방에도 탁월하다. 정기적으로 자신이 좋아하는 시간에 걷기를 위한 시간을 따로 떼어놓

운동화 지금 당장 신으세요!

는다면 정신과 육체의 건강을 위해서 가장 간편한 운동이 걷기다.

　그래서 사업에 실패를 하거나 스트레스를 받으면 무조건 운동화를 신고 나가서 걸으라고 의사들이 처방을 한다.《파리에서 도시락 파는 여자》 저자 캘리 최 회장은 파리에서 사업을 할 때 10억 빚을 어떻게 갚을까 고민하며 2년 동안 집에서 우울증에 빠져나오지 않았다. 그러던 중 우연히 내면에서 운동화를 신고 밖으로 나가서 무작정 걸어야 한다는 소리를 듣고 무작정 정처 없이 걷기 시작했다. 그때 사색을 하면서 빚을 갚을 아이디어를 생각해 내 다시 사업을 일으켜 재기하는데 성공했다. 뭔가 막힌 에너지가 있거나 생각이 잘 안 떠오를 때 걷기를 해보자.

　미국 오스틴 텍사스 연구팀은 걷기가 우울증 완화에 도움이 된다는 연구 결과를 밝혔다. 항우울제를 복용하거나 정규적인 운동을 하지 않는 환자를 대상으로 30분만 러닝머신에서 조금 느리게 걷다가 빠른 걸음으로 걷기만 해도 흡연, 카페인 섭취 후에 기대되는 우울증의 완화에 도움을 받을 수 있다고 밝혔다. 러닝머신은 어디로 가야 하고 헬스클럽으로 가는 동안에 의지가 꺼질 수 있으니 그저 운동화를 신고 어디든 돌아다니며 걷는다. 주변에 녹지가 있으면 더 좋을 것이다. 그런 여건이 안 된다면 마트든, 아울렛 몰이든, 어디든 걷는다. 어떤 분은 심한 극도의 비만이었는데 하루에 2시간씩 몰 워킹을 해서 무려 40킬로 이상을 식이요법과 함께 감량했다. 건강을 위해 비만을 치료한 걷기는 우리 삶에 없어서는 안 될 축복이다.

미국 오리건 보건과학대학에서도 마찬가지로 적당한 걷기 운동은 혈액순환을 증가시키고 심장의 활동을 강화해 심장의 기능이 향상된다는 연구 결과를 발표했다. 여기서 중요한 것은 적당한 양이다. 너무 오래 걷거나 강도를 세게 하면 한 번 하고 포기할 수 있다. 일단 시작은 작게 5분이라도 걷는다고 생각하고 매일의 습관으로 잡아두자. 꾸준히 걸으면 심장마비의 위험을 37% 정도 예방할 수 있다는 연구에서도 걷기가 손해보다는 이득이 많다는 것을 알 수 있다. 이런 체내 건강의 증진은 지방이 연소하면서 혈액순환이 원활해지기 때문이다.

마흔에는 이제 뇌 해마의 기억력이나 인지력이 감소

운동화 지금 당장 신으세요!

하는 것을 느낄 것이다. 일반적으로 건강한 성인은 뇌의 해마가 1년에 1%씩 감소한다. 근육이 마흔부터 매년 1% 감소하는 것처럼. 인지가 자꾸 축소되는 것은 해마가 급속도로 축소된다는 것을 뜻한다. 하지만 미국 피츠버그 대학교 심리학과의 커크 박사에 따르면 1년 동안 활발한 걷기 운동을 꾸준히 하면 뇌의 해마를 키우게 되고 기억력이 다시 위축에서 소생하는 것으로 바뀌어 건강한 뇌를 만들 수 있다는 희망을 전한다. 무엇보다도 걸으면서 스트레스를 풀 수 있는 교감신경과 부교감 신경이 균형을 이루게 되어 뼈도 튼튼해지고 심장도 튼튼 마음도 튼튼해질 수 있다.

무엇보다도 복잡하면 운동을 할 때 여러 가지 관념이 들어오니 '무조건 스트레스를 받으면 나간다!'를 잠재의식에 새긴다. 운동화를 신고 걸어도 좋지만, 맨발이면 어떻고, 구두면 어떠냐. 그냥 나간다. 스트레스가 정신과 몸에 모두 해로운 것에 비하면 일단 나가서 걸으면서 스트레스를 한번 끄고 오는 것이 중요하다. 너무 거창하게 운동할 때는 다른 어떤 말도 신경 쓰지 말고 자신의 내면에 집중한다. "자세를 이렇게 하세요. V를 그리면서 팔을 힘차게 흔드세요. 발은 11자가 되어야 하구요." 이런 제약이 뇌에 들어오면 복잡해서 운동을 못 한다. 가볍게 느리게 걷는 것이 가장 좋다. 때론 가볍게 달리는 정도의 걷기 속도면 좋다. 먼저 자신의 마음을 들여다보면서 어떻게 운동하는 게 좋을지 스스로 물어본다.

운동이 습관이 안 된 사람들에게 처음부터 달리기하라면 지레 포기한다. 달리고 싶은 열정이 생기면 이렇게 처음에 시작한다. 걷기도 달리기만큼 효과가 있는 것으로 나타났다. 미국 로렌스 버클리 국립 연구소 팀은 규칙적으로 운동하는 사람 3만 3,000명과 걷는 사람 1만 5000명을 대상으로 6년 동안 관찰하며 운동 효과를 비교했다. 폴 윌리엄슨 생명과학 연구실장은 2014년 빠른 걸음으로 걷는 것이 달리는 것 못지않게 심장병 3대 위험 요인인 고혈압, 고지혈증, 당뇨병의 위험을 낮출 수 있다는 연구 결과를 발표했다. 또 하루에 만 보를 꾸준히 걸으면 현재 나이에서 여자는 4.6년, 남자는 4.1년 더 젊어 보이는 효과가 나타나는 것으로 분석했다. 걸으면 엔도르핀이 분비돼 기분이 좋아진다.

걷기가 일상화되면 다른 운동으로 도전해도 좋다. 하

운동화 지금 당장 신으세요!

지만 시작은 아주 느리게 천천히 걸으면서 서서히 강도를 높이고 그다음으로 달리기를 가볍게 해도 좋다. 하지만 운동을 안 하던 사람들이 달리기하라고 하면 잠재의식이 너무 큰 목표라서 잘 안 하게 될 가능성이 크니 일단은 가볍게 운동하는 정도의 빈도와 강도를 가지고 운동을 시작한다. 그런 다음 익숙해져서 지루해지면 다른 식으로 좀 더 빨리 걷거나 스트레스를 크게 받으면 약간 서서히 뛰기 시작한다. 걸으면서 스쿼트나 '앉았다 일어났다'를 반복하고, 런지 같은 운동을 병행하면 좋다. 하루 중 어느 때라도 운동을 생활화할 수 있다. 팔 벌려 뛰기를 해도 좋다. 모든 운동은 단 한 번만 해도 성공이라고 치고 가벼운 마음으로 하자.

만약 느리게 걷기만 해서 지루하다면 운동시간을 늘리자. 근육 운동을 병행해서 운동을 지루하지 않게 한다. 모든 연령층에서 슈퍼 슬로우 웨이트 트레이닝은 도움이 된다. 특히 중년층에서는 이 운동을 걷기와 함께 곁들여야 한다. 움직이는 속도는 늦추고 아주 느리게 주변의 물체를 드는 정도의 운동을 해주면 좋을 것이다. 사무실이나 책상에서 보이는 두꺼운 책이나 무거운 물건을 찾는다. 없으면 생수통을 아령 삼는다. 책을 양손으로 들고 목 뒤로 '팔을 올렸다 내렸다'를 반복한다. '이렇게 쉬워도 되나'라는 정도의 가벼운 무게를 슈퍼 슬로우 하게 꾸준히 하자. 어떤 습관이라도 꾸준히 운동이라고 생각하고 움직이면 몸의 변화가 생긴다. 운동의 효과는 '지속적이고 반복적'이라야 좋다.

# 생각을
# 1m만 틀어보자

"어쩜 너는 이렇게 부지런하니?"

"어쩜 너는 이렇게 착하니?"

"어쩜 이렇게 너는 뭐든 잘하는 팔방미인이니?"

어린 시절 나는 착한 아이였다. 조용히 누군가에게 튀고 싶지도 않고, 조용히 어른들이나 친척들이 나에게 뭘 시키면 그대로 조용히 반항 없이 참고 그냥 했다. 그것이 올바른 줄 알았다. 하고 싶은 것이 있어도 꾹 참고, 어른들이 바라는 직업에 사회가 안정적이라고 생각하는 걸 선택했다. 직업에 대한 고민도 없이, 사춘기도 없이 지났다. 그러다 보니 내 안의 울화증이 생겼다. 뭔가 모르게 하긴 하는 데 만족이 없고, 그때뿐이고 하고 나면 뭔가가 갈증이 많이 왔다. 나로 살아보긴 했는가. 내가 아바타가 되어 움직이는 꼭두각시처럼 누군가의 인생을 대신 사는 느낌이었다.

그러다 보니 산후우울증도 오고, 둘째 아이가 교통사고로 장애를 얻었고, 뭔가 하기는 하는 데 만족이 없었다. 불평과 불만과 화로 아침에 일어나는 것이 너무나도 싫었다. '오늘이 또 시작되었네. 시간은 어떻게 보내지'라는 생각하면서 무미건조한 일상을 살았다. 이렇게 살아서는 안 되겠다 싶었다. 의사가 "만약 규칙적인 생활을 안 하고 야식을 끊지 않고 계속 밤늦게 술을 꼴짝 꼴짝 마시는 습관이 지속되면 어떻게 될 것인가"에 대해 주의를 주었다. 누군가의 삶에 의해 내 자유의지가 강요되는 것은 자아가 없는 삶이다. 진정한 자신으로 살기 위해서는 일단 운동 체력을 강하게 해 놓은 다음에 자신감과 자존감을 상승시켜야 한다. 그다음으로 하고 싶은 일이 들어오거나 활동이 들어오면 적극적으로 도전하면 된다.

운동화 지금 당장 신으세요!

하지만 처음부터 자신으로 잘 살지 못한 사람들이 운동하라고 하면 지레 겁먹고 포기한다. 이런 사람들에게 항상 조언해 주는 것이 있는데 1m만 생각을 틀어보라고 한다. 100cm, 0.001km, 39.370079in, 3.28096ft, 1.093613yd. 1m를 설명 해주는 수학적 기호가 이렇게 많다. 부정적인 생각이 들 때 운동을 안 하면 어떻게 될지를 100초간 생각해본다. 그러면 100cm가 된다. 1cm 생각에서 100번만 더 나아가서 생각해본다. 만약 지금, 운동을 하지 않으면 어떻게 될지를. 삶은 매 순간이 선물이다. 이 선물을 온전히 받아서 사용하기 위해서는 건강해야 한다. 체력이 가장 우선이다. 체력은 자신을 아끼고 사랑하는 마음에서 나온다.

화를 잘 내는 것도 건강에 해롭다. 화를 내기 전에 자극과 반응 사이에 공간을 1m만 떼어쓰기해보자. 즉 100cm를 간나고 생각하고 인지를 뇌에서 빨리 돌려, 바로 지금의 화는 몸에 해롭고 자신이 스스로 인정하고 타인으로 듣고 싶은 "고맙다"라는 말, 지금 잘 참고 있어서 "대단해", "참으로 많이 성장했어. 아주 잘하고 있어."를 자신에게 해준다. 1m만 관점을 바꾸어 본다. 그러면 상대방과 대화할 때 언제나 인정을 받아서 "너를 좋아해", "너는 언제나 사람들이 관심을 갖는 사람이야"로 자신의 자아 존중감, 효용감이 높아진다. 먼저 스스로 유능한 사람이라고 인정하고, 사랑해야지만 사람들이 인정하기 시작한다. 자신감을 기르기 위한 수단으로서의 운동을 꼭 할 필요가 있다. 운동은 자신이 중요한 사람이라는 자기 중요성, 유능한 사람이라는 자긍심, 스스로 사랑하게 되는 자기 호감을 길러준다.

우리나라에서 가장 유명한 헤어 프랜차이즈를 운영하는 대표님을 만나 뵌 적이 있다.

"대표님 지금처럼 건강하게 사시는 비결이 무엇일까요?"

"그건 말이야……. 운동을 꼭 해……."

"집에 헬스클럽 도구를 사다 놓고 안 해도 일단 올라간다는 1분 목표를 정해놓고 올라가면 성공으로 쳐."

"1분은 그렇게 짧은 시간이 아닌가요?"

"무리한 운동을 시간을 길게 잡아서 오래 하는 것보다 시작하는 초기 단계에는 1분으로 작게 목표를 쪼개는 것이 중요해."

좋은 습관으로 운동하는 것도 좋지만 너무 크게 목표를 잡아서 운동을 거창하게 한다면 일단 헬스클럽이나 어디 운동 하러 가는 데서 의지가 꺾일 것이다. 자신이 운동하기 좋은 장소와 좋은 사람들을 만나는 것이 좋다. 만약 PT를 받는다면 처음부터 너무 크게 강도를 올리지 말고, 서서히 운동의 양을 늘리는 것을 권하는 PT 선생님이 좋은 선생님이다. 아이를 키우는 엄마라면 아들이나 딸들이 함께 놀아달라고 할 때 같이 운동한다고 생각하고 노는 것도 좋다. 공놀이할 때 뛰어다니면서 1분을 질적으로 활발하게 놀아주면 아이들은 좋아한다. 그런 루틴을 매일 규칙적으로 함으로써 운동을 하고 있다고 뇌에 1m의 생각을 심는 것이니 거창하게 하지 말고 운동을 아주 간단하게 시작한다.

이제는 남에게 착한 아이가 아닌, 스스로 운동으로 가장 착한 나로 인정을 받았다. 즉, 나 자신이 먼저 자신의 강력한 후원자가 되어 운동하면 미래의 100세인 내가 지금의 마흔을 어떻게 칭찬해 줄 것인지 강력하게 상상해 보자. 착한 아이로 다른 사람들이 시키는 일을 하느라 스스로 운동할 시간을 1m도 내지 못하면 어떤 것을 도전할 때도 체력에서 걸리게 될 것이다. 지금부터라도 100cm만 생각을 틀어서 운동하는 쪽으로 마음을 돌리자.

# 희망의 주문을
# 외운다

"주문을 말해봐"

"주인님, 소원 3개만 말해보세요."

주문 걸기는 부정적인 느낌에서 긍정적인 생각으로 바꾸는 것이나. 확언이라고 하는 주문은 잠재의식에 강력한 암시가 된다. 좋은 생각을 하면 자신에게 강력한 말이 시각화되어 그대로 된다. 자신에게 무엇이 가장 소중한지 진정으로 바라는 건강한 삶이란 어떤 것인지를 떠올릴 필요가 있다. 평소 하는 생각들이 부정적일 때가 많은가. 그러면 약한 자신을 "조금씩 점점 더 성장하고 강해진다."라고 상상한다. 원래 인간은 건강하고 지혜 있는 선한 사람으로 태어난다. 건강을 위한 습관을 잘 지키지 못해서 지금의 체력을 가지고 있을지도 모른다. 이제는 건강한 체력으로 바꿀 수 있다. 긍정 주문을 자주 상기한다.

"나는 무엇이든지 할 수 있다"라는 강력한 주문은 어떤 어려움이 와도 견디게 해준다. '할 수 있다'라는 말과 '해야 한다'라는 말의 차이는 결과를 다르게 내게 한다. '해야 한다'라고 생각하여 억지로 운동하는 사람들과 '내가 강력하게 바라면 나는 이제 운동을 할 수 있다'라는 말에는 차이가 있다. 하기 싫은 일을 누군가의 강요에 의해 억지로 하는 기분은 어떤가? 진정 자신의 체력을 기르기 위해서 조금 더 움직일 수 있다고 생각하고 속으로 말하면 변화가 긍정적으로 나타난다. 〈알라딘의 요술램프〉의 지니가 주인님의 소원을 들어주는 것처럼 마법이 일어난다.

운동은 건강한 삶의 기본 중 기본이다. 인간은 몸을 움직이지 않고선 살 수 없다. 태어나는 순간부터 몸을 움직이기 시작한다. 만약 몸을 움직이지 않고 있다고 생각하

운동화 지금 당장 신으세요!

는 사람들조차도 하루에 수억 번 뛰는 심장을 보면 움직임이 기본이라고 할 수 있다. 호흡하지 말라고 명령하여 몸이 살아있는 기능을 영영 멈추게 할 수 없다. 숨이 쉬어지는 동안에는 인간은 자동으로 움직이게 되어 있다. 의식적으로 운동하는 것은 몸의 면역력을 키워주고, 각종 질병을 예방해 주며, 정서적인 안정에도 좋은 영향을 준다.

최근에 운동과 뇌와 정서적인 연관성을 연구하는 의사와 이야기를 했다.

"요즘은 아이들이 체육 시간이나 음악, 미술, 예체능이 없어서 아이들이 정서적으로 상담을 많이 한답니다."

"맞아요."

"우리 학교 나닐 때는 아이들이 체육 시간을 기다리고 운동장 나가는 것을 좋아했는데……."

"0교시에 체육을 하면 아이들의 집중력이 높아지고, 학업 성취에 좋다는 연구가 있어요. 요즘 아이들은 운동을 많이 안 하는 편이라서 심리 상담을 많이 받아요. 부모는 아이들을 상담을 보내는 것을 꺼리니 운동을 상담에 접목하면 많은 아이들의 심리적인 증상이 좋아질 수 있어요."

"맞아요. 심리 상담을 하려면 상담자가 공부를 많이 해야 하는데……. 현실에서 상담 세팅을 봤을 때 상담자 한 명이 수많은 아이의 정서를 파악하기 위해선 시간도 많이 걸리고, 상담 공부가 많이 되어야 합니다. 현실에서는 그것이 잘 안되지요. 그 대안이 아이들에게 운동시키는 거예요. 운동을 하다 보면 아이의 심리적인 문제들이 많이 좋아져요."

상담사들이 하는 처방들은 아이들 스스로가 온전한 존재라서 무엇이든지 할 수 있고, 될 수 있도록 공감해 주고 긍정해 주는 일이다. 이런 일을 아이들 스스로 하기 힘들다. 아이들은 어른들의 생각을 따르는 경향이 있다. 어른들이 먼저 아이들에게 "너는 할 수 있어. 어쩌면 그렇게 재능이 있니."라고 긍정적으로 칭찬하고 말로서 주문을 걸어 주면 아이들은 실제로 플라세보 효과에 의해서 그렇게 된다. 운동이 그런 역할을 한다. 먼저 아이들에게 좋은 영향

운동화 지금 당장 신으세요!

력을 끼치기 위해서는 아이들을 낳아본 경험이 있는 여성들과 적극적으로 후대에 영향을 끼칠 세대들이 앞장서는 것이 좋다. 먼저 말로 항상 긍정적인 이야기를 해줄 필요가 있다. 특히 운동에 대해서는 좋은 주문을 걸어주자.

운동은 근육이나 뼈뿐만 아니라, 뇌도 건강하게 한다. 운동이 질환에 미치는 긍정적인 영향은 스트레스 해소, 우울증 감소, 체중, 비만 조절, 질병 위험 감소시키는 효과가 있으니, 아이들에게 미래를 위해서라도 어른들이 지금 모범을 보여 운동을 습관화하여야 한다. 먼저 엄마가 운동하는 모습을 보여서 후대를 잘 성장시키기 위해서는 운동을 아주 조금씩이라도 하는 습관을 물려줘야 한다. 장기적으로는 국가가 운동을 하지 않아서 발생하는 질병에 쓰는 비용을 줄일 수 있다.

캐나다 웨스턴온타리오대학 연구팀에서는 건강한 성인을 대상으로 운동과 인지 능력의 상관관계를 연구했다. 참여자들이 실내 기구를 10분간 타게 했다. 그 결과, 10분이라는 짧은 시간만 운동해도 의사 결정에 참여하는 뇌 부위인 전두엽이 활성화되어 올바른 결정을 내릴 가능성이 커진다. 미국의 캘리포니아 대학 어바인 캠퍼스 연구팀도 운동을 자주 하는 사람들은 치매에 걸릴 가능성이 작아진 다고 연구 결과를 발표했다. 치매를 유발하는 뇌의 단백질 이 발견되어도 운동을 자주 하면 치매에 잘 걸리지 않을 가능성이 높다. 마흔이지만 앞으로 미래를 내다볼 때 자주 움직여서 운동을 한다고 뇌에 희망의 주문을 거는 순간 건 강을 확신할 수 있다.

세계적인 강연가이자 백만장자 습관을 전파하는 브라 이언 트레이시는 마음과 건강의 상관관계를 말한다. 우리 몸은 하나의 유기적인 체계라서 건강한 정신에 건강한 몸 이 생긴다고 한다. 바꿔 말하면 건강한 몸은 건강한 정신이 깃든다. 정신력이 강한 사람이 신체적으로도 건강하다고 할 수 있다며, 몸과 마음을 따로 떼어 놓을 수 없다고 말한 다. 운동을 적극적으로 시작해 보라는 습관 전문가는 역시 부유해지고 풍요로워지기 위해서는 먼저 건강을 우선으로 삼아서 운동을 먼저 일주일에 2~3회 해보라고 권유한다. 하루에 30분을 걷거나, 뛰는 운동하면 반드시 변화가 느껴 진다. 정기적인 운동은 지나치게 강조해도 된다.

운동화 지금 당장 신으세요!

브라이언 트레이시는 확언으로 건강한 신체와 정신을 유지하라고 한다. 확언이란 확신에 찬 말이다. "운동을 할 수 없다"라는 말을 "운동하는 것이 재미있다"라거나 "나는 나를 사랑하기 때문에 운동을 사랑해."라는 말로 바꾼다. 꾸준히 확언하다 보면 자신에게 그런 기운이 진짜 생긴다.

"나는 운동할 수 있다"
"나는 운동으로 기쁨이 가득하다."
"나는 내가 원하는 것을 이룰 수 있다."
"나는 두렵더라도 해내고 만다."
"나는 나를 좋아한다."

이런 말들은 운동에 긍정 에너지를 불어넣는다. 브라이언 트레이시도 확언을 제일 좋아한다. 에너지가 떨어질 때마다, "I like myself"라는 "나를 좋아한다."는 말의 연료를 계속 넣어주어야 한다고 강연장에서 이야기한다. 아침마다 샤워할 때도 고통스럽지만 찬물을 몸에 적시면 온몸의 세포가 깨어나면서 잠재의식이 더 잘 발현하므로 아침마다 잠이 깨고 활기차게 시작하기 위해선 이렇게 말해

보자.

"오늘 나에게는 두려움은 없다."
"나는 운동에 좋은 습관을 개발한다."
"내 미래는 한계가 없다."
"나는 이제 강하다."
"나는 탁월하다."
"나는 성공한다."
"나는 건강한 음식을 먹는다."

이렇게 선언하면 점점 그런 사람으로 변해가는 긍정적인 에너지가 차츰 생길 것이다. 마음속으로 하는 모든 말은 주문이다. 만약 운동에 대해서 부정적인 생각을 가지고 내면에서 운동하기 싫다고 생각하면 그 주문은 이루어진다. 잠재의식은 우리의 모든 말을 듣고 있다. 어떤 말을 하느냐에 따라서 우리의 몸은 뇌에서 명령을 내려서 움직이게 된다. 가급적이면 운동에 대해서 긍정적인 말을 하자. 운동이 좋은 효과들이 많으니 계속 잠재의식에 운동이 몸에 좋고 건강에도 좋다는 주문을 넣어야 한다.

운동화 지금 당장 신으세요!

# 말은
# 잠재의식을 움직이게 한다

"나는 강하다."

"나는 성공할 것이라고 믿는다."

"나는 아주 탁월하다."

"나는 행복하다."

위의 4문장은 킥복싱, 댄스, 요가 동작을 단체로 하면서 나오는 소리다. 큰 소리의 확언들 강의실에 울려 퍼졌다. 바로 교수와 대학생이 수업 시간에 마치 드라마가 상영되는 광경이다. 실제 뉴욕대학교에서 연출되었다. 어떤 사연인가 봤더니, 실험실에 갇혀 살던 중년 뇌과학자인 스즈키 교수가 연구에만 몰두해 연애도 멀리하고 외모를 관리하지 못했다. 과체중의 중년 여성이 된 그녀는 삶이 우울해 실험을 강행하기로 한다. 실험실 밖에서 행복하지 않은 자신을 운동으로 바꿀 수 있는지 연구했다.

에너지가 너무 없는 번 아웃 상태에서 과연 건강과 행복을 위해 운동이 도움이 되는지를 알아보기로 했다. 좋은 몸매를 가지기로 결심했다. 스즈키 교수는 일단 잠재의식을 움직이는 방법을 알고 있다. 결단을 내린 행동은 아무도 못 말린다. 반드시 해내겠다는 마음의 각오가 잠재의식을 움직인다. 우리가 말로 명령을 내리는 것은 입으로 소리 내어 말하든 마음속으로만 생각하든 실현된다. 그녀는 뇌와 몸을 연결하는 뇌 가소성을 연구한 경험이 있기 때문에 몸이 변화하는 것을 빠르게 인지했다. 뇌 가소성이란 인간의 뇌는 고정되어 있지 않고 지식이나 경험이 쌓이면 변화한다는 것이다.

유산소 운동을 하면서 확언을 넣어서 긍정적인 말을 하면 더 기분이 좋아진다. 유산소 운동은 기분 조절에 중요한 세로토닌, 노르에피네프린, 도파민의 분비량을 증가

운동화 지금 당장 신으세요!

시킨다. 운동을 하고 나면 기분이 좋아지고 상쾌한 느낌은 뇌에서 호르몬을 분비하라고 명령을 내리기 때문이다. 신경 가소성에 의해서 운동이라는 외부의 입력이 기분을 좋아지게 하는 호르몬에다 긍정의 확언이 잠재의식을 긍정적으로 바꾸어 어떤 일이라도 성취할 수 있을 것 같은 자신감이 생기게 하는 것이다. 최근 독일의 한 연구팀은 달리기가 인간의 뇌에서 엔도르핀 시스템을 활성화한다는 한다는 연구 결과도 발표했다.

걷기와 달리기 같은 운동을 차츰 시작하면서 자신을 응원하고 격려하는 긍정의 확언을 한 문장 정도 정하자. 매일 조금씩 운동의 강도를 높이면서 외치면 기분이 좋아지고 더 행복해진다. 긍정적인 자기 확언이 기분을 좋아지게 하는 증거는 많은 연구에서 확실히 알 수 있다. 운동에 자기 긍정 확언을 추가하면 기분이 좋아지고 동기부여가 돼 점점 더 높은 강도로 운동할 수 있다. 잠재의식은 처음부터 너무 크게 목표를 잡으면 포기하고 싶어진다. 목표를 향한 거리가 너무나도 멀고 효과도 처음에는 보이지 않기 때문이다. 하지만, 아주 작은 목표를 성공시키면 잠재의식에는 성공의식이 심어진다. 그때는 자신감이 생겨서 조금씩 더 늘린 다음, 어느 정도 운동이 습관이 되면 그때 강도를 늘린다. 절대 처음부터 강한 운동을 해서는 안 된다.

여성들이 육아와 직장생활, 가정일을 반복하면서 뇌에 뭔가 새로운 자극을 주지 않으면 뇌는 자꾸 퇴화한다. 새로운 자극을 잠재의식에 새겨야 기억력이 유지되어 운동하라는 신호를 뇌에서 자주 받게 된다. 알츠하이머는 기억을 상실하는 것과 더불어 우리 존재의 영혼이 서서히 지워지니 운동을 해서 뇌를 깨운다. 깨운 잠재의식을 다시 확언으로 확신하고 뇌의 회로를 서서히 늘려간다. 자주 상기할수록 기억이 강력해진다. 무언가 단서가 될 만한 것이나 감정의 울림을 통해서 기억력이 강해지니 자주 운동하면서 자연을 보고 유산소를 조금씩 늘려서 감동하자. 많이 이야기하는 것이지만 의식적인 실천만이 잠재의식을 변화시킬 수 있다.

확언을 크게 외치면 내면의 스위치가 켜진다. 뇌의 뉴런의 회로들이 일상생활의 반복인데 새로운 확언이 들어오면 잠재의식이 확언과 비슷한 경험을 과거에서 끌어낸다. 그래서 확언에 맞는 증거들을 뇌에서 찾기 시작한다.

운동화 지금 당장 신으세요!

즐겁게 운동을 가볍게 하면서 확언하면 정말 강인함이 느껴진다. '강하다, 힘이 있다, 자신감이 강하다'라는 말은 언뜻 보기에 힘이 보이지는 않지만, 운동을 하면서 온몸의 세포를 깨운 다음은 잠재의식이 모든 것을 수용할 자세가 되어 있어서 잘 받아들인다. 수많은 긍정 확언을 외쳤기 때문에 뇌에서는 입력이 잘 된다. 운동을 하기 싫다면 조금씩 걸으면서 "나는 강하다." "나는 할 수 있다." "나는 자신감이 강하다." "나는 멈출 수 없는 자신감이 있다."라고 외치면서 운동을 해보자. 변화가 서서히 나기 시작할 것이다.

저질 체력을 극복하고자 결심했던 것이 어디 한두 번인가. 하지만 이제는 매번 작심삼일로 끝나서는 안 되는 마흔 이후의 건강한 삶을 위해서도 각성해야 한다. 운동을 통해 변화하겠다는 의지가 필요하다. 처음부터 강하게 가질 필요는 없다. 차츰 강도를 늘리면 된다. 단순한 걷기만으로도 창의성이 폭발하고 아이디어가 샘솟는다. 장기적으로는 유산소 운동의 양을 늘리는 것이 목적이므로 자유롭고 열린 자세로 어디서든 운동할 수 있는 제약이 없는 마음에 확언을 외치면서 의지를 낼 필요가 있다. 이렇게 잠재의식이 조금씩 변화하면 운동하면서 이렇게 바뀐다.

"나는 자유롭다."

"나는 풍요로움을 느낀다."

"이렇게 아름다운 자연을 보면서 달리고, 걷는 것이 너무도 좋다."

"나는 점점 더 건강해진다."

얼 나이팅게일은 저서 《이상한 비밀》에서 "당신은 당신이 생각한 바로 그것이다. 당신이 대부분의 시간 동안 생각한 그것이 된다."라고 말했다. 만약 하루 종일 부정적인 생각을 한다면 부정적인 감정에 사로잡혀 운동을 하고 싶은 생각마저 나지 않을 것이다. 그래서 잠재의식에 운동을 하면서 긍정 확언을 계속 입력할 필요가 있다. 의식해야 바뀌기 때문이다. 자신의 마흔의 귀중한 시간을 낭비하고 금방 시간이 가게 할 순 없다. 너무나도 아까운 시간이고 삶이다. 이 삶을 건강하게 꾸려가기 위해서는 의식적 자각이 필요하다. 긍정적인 마음의 렌즈를 가지고 삶을 더욱 활기차게 살 필요가 있다.

마음을 어두운 렌즈로 바라보면서 결국 실제보다 문제가 더 커지게 만들지 말자. 항상 마음은 최선보다 최악을 상상하려고 하니, 이런 마음을 끊어내기 위해서라도 긍정 확언을 하면서 자신의 잠재의식을 바꿀 필요가 있다. 부정적인 생각이나 확언은 앞에 놓인 기회보다는 온갖 문제에 정신을 집중하게 한다. 하지만 이것을 고칠 방법은 한 가지다. 긍정 확언을 계속 마음에 들려주는 것이다. 뇌는 반복하면 잠재의식에게 바꾸라고 명령을 내린다. 마음은 신경 가소성에 의해서 믿을 수 없을 정도의 놀라운 일들을 해낼 수 있는 긍정적인 것도 함께 가지고 있다. 우리가 경계를 늦추지 않고 힘을 실어주는 말을 해야 하는 것도 운동의 목표이다.

긍정 확언으로 운동을 하면서 잠재의식을 바꿀 수 있는 말을 골라서 사용하길 바란다.

"나는 인생을 즐긴다."
"나는 건강할 가치와 자격이 있는 사람이다."
"나는 운동을 해도 안전하다."
"나는 진실한 마음으로 내 몸을 돌본다."
"나는 건강을 위해 최선을 다한다."
"나는 강한 사람이다."

"나는 강력한 면역체계를 가지고 있다."

"나는 할 수 있다."

"내 몸은 자연 치유된다."

"매일 기분이 좋아진다."

"나는 내 몸과 마음과 영혼에 감사하고 경의를 표한다."

"나는 완벽한 몸무게를 유지할 수 있다."

"나는 매일 5분이라도 운동한다."

"나는 점점 더 강해지면 20분 이상 운동할 수 있다."

"나는 매일 운동을 즐긴다."

"나는 운동이 너무 좋다."


아주 작게 움직임을 하면서 이 말 중에서 마음에 강력하게 와닿는 말을 하나 골라서 집중해서 확언을 속으로 외치거나 말로 꺼내어 소리 내어 본다. 강력하게 100번 이상 외치는 말들은 현실에 다 나타날 것이다. 운동은 잠재의식을 바꿀 수 있는 강력한 도구이다. 긍정 확언은 마음이라는 강력한 도구를 더 강하게 만들어 줄 것이다.

# 2장

# 작은 운동 습관 기르기

# 손가락 까닥만 해도
# 좋아

"새끼줄로 톱질해도 나무가 잘라지고"

"물방울이 한 방울씩 떨어져도 돌을 뚫는다."

"물이 모이면 개천을 이루고, 참외는 익으면 꼭지가
떨어진다."

채근담(菜根譚)에 나오는 이야기가 운동에 적용이 "왜 안
될까?"를 곰곰이 생각했다. 물은 99도가 아니라 100도에
서 끓는다고 하는데 "왜 운동을 하려는 마음이 끓지를 않
을까?"를 곰곰이 사색했다. 아주 작은 습관 하나가 큰일을
하게 하는 것은 아는데, 왜 마음이 안 움직일까. 독자들도

운동화 지금 당장 신으세요!

궁금해서 이 책을 집었을 것이다. 다들 운동을 잘 하고 몸매가 좋은 사람들을 보면 부러운 시선만 가고, 내면에서는 움직임이 전혀 일어나지 않는다.

"운동하러 가는 게 왜 이리 어려울까?"

"운동을 하면 좋다는데 왜 이리 몸이 안 움직이지?"

"오늘도 이렇게 움직이지 않아도 되는 걸까?"

마음속으로 하는 내면의 대화는 언제나 자책과 비난하기였다. 아무리 의사가 좋다고 하는 운동도 내 마음이 움직이지 않으면 시작할 수 없다. 일단 먼저 마음이 움직여야 한다. 지금 이대로 살아도 별로 크게 불편한 게 없으니, 운동은 먼 미래의 건강을 위해서 하는 것이라고 여겨 미루고 또 미뤘다. 미루기 대장으로 운동하는 것이 정말 싫었고 귀찮았다. 이랬던 사람이 어떻게 일 년에 달린 거리가 약 2,400km가 되고 철인 3종 경기를 거뜬히 해내게 되는지 지금도 놀랍지만, 비결은 일단 손가락을 까닥하는 것에서부터 시작했다.

수많은 변명이 필요했다. '아이들 돌봐야 하니까. 지금 집 안에 할 일이 얼마나 많은데. 시간이 없어서. 운동을 갈 마음이 생기지 않아서. 지금 이대로가 좋은데.' 등등

인생에 있어서 변명은 쓸모가 없다는 걸 알면서도 마음이 변명을 해댔다. 변명하는 동안 운동을 즉각 하면 좋으련만 말처럼 움직여지면 이 세상에 질병은 다 사라졌을 것이다. 변명하고 다시 뉘우치고 반성하면서 조금씩 움직이면서 살아가는 것이 인간의 삶이다. 불만과 불평은 실행과 성공을 느리게 만든다. '변명'은 뽑아야 할 때로는 독초가 될 때가 있다. 운동하면 컨디션이 좋아지니, 땀을 흘리는 운동을 하라고 얼마나 많은 의사가 이야기를 하는가. 그러나 일반적으로는 자신의 의지를 내어 운동하기란 쉽지 않다. 그래서 변명을 수락하지 않기 위해서는 일단 먼저 결심한다. 더 이상 이렇게 계속 미루었다가는 건강과 일상생활에 활력이 생기지 않아 체력이 무너진다고 생각하자.

믿기 어렵겠지만, 결심하면 마음이 조금 바뀐다. '먼저 움직이자'라는 결심부터 시작한다. "더 이상 안 되겠다.

운동화 지금 당장 신으세요!

'왜'라는 질문은 이제 빼고 마음이 움직이는 것은 아주 작은 습관에서 비롯된다."는 걸 알고부터는 아주 작게 움직이기 시작했다. 안 움직이던 사람이 운동하라고 하면 지례 겁을 먹고 원래대로 살고 싶은 관성이 생긴다. 어떤 성공한 사람은 이런 말을 했다. "성공은 관성을 이기는 것이다" 이 말이 모든 분야에서 적용된다. 운동을 안 하고 원래대로 살고 싶은 관성은 건강을 잃게 한다. 건강을 잃고 고통을 받아도 된다면 운동 안 해도 된다. 하지만 정말 건강하게 살고 싶어서 책을 읽는 분들이라면 지금부터라도 아주 작게 움직이자. 시작은 그렇게 해야 한다.

우리나라 국민의 3분의 1은 아예 운동하지 않는다. 뇌 과학자이든, 신경학자이든, 의사든, 모든 건강에 관련된 사람들이 운동을 강조한다. 왜 이렇게 운동이 중요한 것일까? 운동을 안 하면 과연 어떻게 될까? 인간은 원래 움직이기 위해서 태어났다. 만약 움직임이 없으면 근육 기능이 퇴화하기 시작하고 가장 먼저 손상을 입는 것은 뇌다. 뇌 전문가들은 신경 회로를 넓히기 위해서는 운동을 해야 한다고 말한다. 일단 주먹 쥔 두 손을 위아래로 까닥하기만 해도 큰 운동이 되고 뇌에 자극이 오면서 생각이 비워지는 명상이 된다. 손가락을 까닥만 하기만 해도 운동이 된다는 생각에 '일단 헬스클럽에 간다.'라는 아주 쉬운 목표를 세웠다. 그 목표를 달성하면서 점점 1%씩 운동을 재미있고 다양하게 했다.

만약 처음부터 목표를 크게 세우면 반드시 뇌가 거부한다. 1시간 걷기와 달리기로 하루에 두 번 한다고 하면 작심 3일이 아니라 작심 1일이 되어 운동을 포기했을 것이다. 계속 운동과 관련한 책이나 정보를 뇌에 주입했다. 스티브 잡스도 생의 마지막 순간에 병원의 심장 박동 기계 소리를 들으면서 운동 안 한 것에 대해 후회했다. 건강에 대해서 신경을 쓰지 않은 것을 후회하는 생의 마지막 사람들의 말을 잘 들어야 할 것이다.

"조금 더 건강에 관해서 책을 찾아 볼 걸. 운동을 좀 할 걸. 너무 일에만 신경 쓰지 않고, 가족들과 친구들과도 시간을 보낼걸."

-스티브 잡스의 생의 마지막 말

삶의 끝에서 운동한 것과 안 한 것의 차이를 알 수 있

운동화 지금 당장 신으세요!

을 것이다. 아무리 출세하고 성공해도 건강을 놓치면 모든 것을 다 잃는다. 특히 후회와 괴로움에 싸여 날마다 행복할 수도 있는 순간들을 놓친다. 저질 체력으로 온전히 삶을 살지 못한다. 서울대병원 재활의학과 정선근 교수는 "40대 이하도 운동을 해야 하고 그 이후의 중장년층도 움직였을 때 통증이 없다면 운동해야 한다,"라고 말했다. 나이가 들수록 운동 효율도 떨어지고 몸이 노쇠해지므로 20~30대 초반까지 올바른 운동습관을 통해 최대한 근육과 뼈를 튼튼하게 키워야 한다. 하지만 현대의 바쁜 생활 때문에 운동을 할 시간을 확보하기조차 어렵다. 운동을 따로 거창하게 생각하지 말고, 오직 손가락 까닥하는 것에서부터 시작하라.


평생은 일상의 습관들로 만들어진다. 만약 지금 운동하지 않으면 미래에 어떤 결과가 나타날지를 항상 인지하는 게 좋다. 마흔의 젊은 나이에 운동하여 미래에도 건강하게 사는 것이 좋다. 일상의 습관들을 거창하게 크게 시작하지 말고 작은 활동을 꾸준히 하다 보면 효과가 나타난다. 헬스클럽 러닝머신에서 올라가서 걷다가 달리기도 한다. 달리기 싫으면 내려오는 아주 작은 습관을 들이는 것이 중요하다. 뇌에 일단 운동하고 있다는 신호를 보낼 수 있다. 몸에 통증이 생기거나 저질 체력으로 더 이상 삶이 무기력하고 우울해서 견딜 수 없는 지경까지 가게 되면 '더 이상 미룰 수 없어'가 된다. 그때는 강도를 조금 올리면 된다. 매일 1%만 한다는 생각으로 운동을 시작하자.

《아주 작은 습관의 힘》 저자 제임스 클리어도 손 하나 까닥하는 아주 작은 습관부터 들이라고 말했다.

"일상의 아주 작은 사소한 습관들이 아주 조금만 바뀌어도 인생이 전혀 달리진다"라고 말했다.

아주 사소한 습관이어야 한다. '뭐 이리 간단해' 할 정도로 사소하게 시작해야 한다. 아주 작게 하는 것은 부담이 없다. 만약 운동 목표를 너무 크게 잡아서 운동선수나 국가대표처럼 운동한다고 하면 시작부터 막막할 것이다. 하지만, 일단 스케이트를 타고 싶으면 먼저 스케이트를 탈수 있는 곳이 어디인지 컴퓨터에서 찾아 자판을 두들기는 '손가락 까닥하기'부터 시작해야 한다. 그다음 목표는 다음에 생각하면 된다. 일단 움직이기 시작하면 다음 동작이

운동화 지금 당장 신으세요!

나온다. 시작은 항상 아주 작은 행동 하나에서 비롯된다. 1초가 작은 것 같아도 사람의 생과 사를 가르는 시간이다. 1초 안에 숨을 내쉬지 않으면 우리는 이 세상에 있을 수 없다.

수적천석이라는 사자성어가 있다.

水 물 수. 滴 물방울 적. 穿 뚫을 천. 石 돌 석. 아주 작은 물방울이라도 끊임없이 떨어지면 결국에 큰 돌에 구멍을 낸다. 이 말은 아주 적은 노력이라도 끈기 있게 계속 일관되게 하면 습관이 되어 큰일을 이룰 수 있다는 뜻이다. 작은 것이 모여서 큰 것이 되는 것이다. 시작하는 것에서부터 거창하면 포기하게 된다. 아주 큰 일들도 사소한 움직임에서부터 시작한다.

1퍼센트 나가는 건 운동 습관을 처음 들일 때는 의미가 없어 보인다. 하지만 낙숫물이 바위를 뚫듯이 그 행위가 그 순간에는 큰 의미가 없어 보이지만 그런 순간들이 평생 쌓여서 모인다면 어떻게 될까. 이는 내가 어떤 사람이 되어 있을지, 어떤 사람이 될 수 있을지의 차이를 결정하게 된다. 성공은 일상적인 습관의 결과다. 우리의 삶은 한순간의 변화로 만들어지는 것이 아니다. 운동도 하루아침에 완성하려고 하지 말고 일단 손 하나 까닥하면서 운동한다는 신호를 주면서부터 시작하자.

운동화 지금 당장 신으세요!

# 숨을 한 번 크게 들이마시고
# 내쉬고

"몸은 마음의 종이다"

이 말을 지금부터 이 책을 읽으면서 끝까지 잘 이해하길
바란다. 몸은 마음이 치는 종이다. 마음이 조정하는 몸은
마음에 맞추어 따라오게 되어 있다. 그러나 마음은 갑작스
러운 변화를 겁낸다. 너무 큰 행동은 무서워하고 두려워하
고 하기 싫어한다. 되도록 회피하려고 한다. 크게 하는 행
동은 마음이 겁을 내니 일단 종이 잘 알아듣도록 자세히
설명해야 한다. 운동을 하여 몸을 건강하게 유지하기 위해
선 마음을 먼저 살펴야 한다. 아주 사소한 습관이라도 좋

으니 일단 숨을 크게 들이시고 내쉬는 호흡으로 1초간 운동한 것을 성공으로 친다. 마음은 차츰 호흡으로 진정되어 운동을 겁내지 않게 된다. 아주 작게 시작하자.

필자는 처음부터 달리는 것을 잘할 수 없었다. 조금만 더 달리자고 마음의 종에게 항상 알아듣게 설득했다. 운동을 하지 않으면 건강한 미래를 상상할 수 없었다. 이렇게 살다가는 안 되겠다 싶었다. 마음의 종인 몸이 '어떻게 나를 건강하게 이끌 수 있을까'를 사색해 보니 운동밖에 답이 없었다. 운동은 평생 해야 한다는 각오로 다짐을 했다. 매일 조금이라도 호흡하고 운동하고 움직이자고. 그 시작이 바로 1초 호흡 운동이었다. 숨을 들이마시고 내쉬는 것을 1초라도 해보면 심장이 안정되는 것을 느낄 수 있다. 그때 조금씩 움직임을 서서히 해서 달리기 시작하니 처음에는 호흡이 빨라지다가 안정화되기 시작했다.

1초는 미루거나 게으르거나 꾸물거릴 수 없는 너무나도 쉽고 사소한 행동이다. 이 숨쉬기 운동부터 시작한 게 나의 운동 성공 방법이다. 마음을 부리기 위해서는 1분 1초라도 꾸물거리거나 미루면 지금 당장 하고자 하는 것을 언

운동화 지금 당장 신으세요!

제나 마음의 종인 몸이 못 하게 막는다. 지금 해야 할 일은 지금 해야 한다. 이 규칙을 잘 지키는 사람은 움직임, 즉 운동의 효과로 힘과 성공, 평화를 얻을 것이다. 아주 작고 사소한 일도 철저히 해야 한다. 철저한 사람은 아주 사소한 일도 세상에서 가장 중요한 일인 것처럼 공들여 수행한다. 즉 1초 호흡을 지금까지 운동을 안 했던 사람이라면 아주 공들여서 한다. 그러면 앞으로 큰 성공도 기대할 만하다. 습관을 연구한 지 약 수십 년이 된 내가 자신 있게 말 할 수 있다. 1초가 삶의 큰 변화를 긍정적으로 이루게 한다.

사소한 일이라고 미루거나 무시하거나 뒤로 제쳐두면 세상사 어떤 일이고 작은 일들이 모여서 큰일을 이룬다는 것을 모르는 사람이다. 작은 일들이 모이지 않으면 중요한 일은 존재하지 않는다. 우리의 작은 행동 하나하나가 습관이 되어 우리 자신을 만든다. 지금이라도 늦지 않았다. 아주 작고 사소하게 습관을 조금씩 바꾸는 행동을 해서 1초 숨쉬기 운동부터 시작하자. 달리기와 운동의 기본은 호흡이다. 수영도 호흡이고 근육 운동도 수축할 때 호흡을 내쉬면 근육이 잘 형성된다. 모든 운동에는 호흡을 내쉬면서 힘을 주고 들이마시면서 버텨주는 것이 핵심이다.

왜 수축할 때 호흡을 내쉬어야 할까? 근육이 수축할 때는 굉장히 쪼여지게 된다. 이때 신체에 공기가 가득 차 있다면, 근육 수축이 제대로 일어나지 않는다. 그렇기 때문에 호흡을 확 내쉬면서 힘을 주는 것이다. 이렇게 해야 근육이 발달한다. 이완할 때에는 근육이 버티면서 펴지고 있는데 공기가 없다면 근육은 퍼져버린다. 공기가 균형을 이루고 근육을 버티게 해주는 역할을 하는 것이 이완 호흡이다. 힘을 쓸 때 몸 안에 산소가 부족해지면서 호흡을 원하게 되는데, 그 때가 바로 수축할 때이다. 한마디로 운동할 때 근육이나 폐활량이 부족하면 호흡을 바로 잡기가 어렵다. 그래서 호흡을 먼저 1초간이라도 인식하면서 연습한다.

호흡은 세상에서 가장 중요한 본질이다. 이 호흡을 제대로 하면 건강과 삶의 문제들이 많이 사라진다. 호흡은 요가하면서 의식하게 되었다. 간절하게 저질 체력을 바꾸고 싶어서 요가 학원에서 1년간 수련했다. 요가하면 마음이 평화로워질까, 생각하면서 명상도 같이 해보았다. 요가도 학원에서 몸의 수행을 하다시피 하니 오래 못 다녔다. 너무 긴 시간을 하다 보니 지루하고 바쁜 시간을 내기가 쉽지 않았다. 요가를 통해서 몸이 유연해지거나 더 스트레스가 줄거나 그러진 않았다. 오히려 1초나 1분 동안 호흡에 의도적으로 집중하는 훈련을 하는 운동을 하니 더 좋아졌다.

호흡은 살아있는 한 계속하게 되어 있다. 매순간 운동이 되고 있다. 이유는 마음이 이리저리 방황하여도 호흡은 늘 그 자리에서 운동을 계속하고 있다. 인류가 원래 태초부터 가지고 있었던 소중한 의식이 호흡이기 때문이다. 라틴어로 호흡은 'spiritus', 이 단어에서 파생된 것이 영감이다. 영감은 영어로 inspire(영감을 안으로 넣다) 즉, 호흡하면서 들숨에 영감이 들어오고 날숨에 영감이 실행되게 계속해서 안으로 뭔가 직감이 생기면 그것을 놓치지 않고 바로 실천한다. 그러면 운동의 효과는 아주 크게 난다.

"시작이 반이다."

이미 시작했다는 자체가 새로운 변화의 50퍼센트 이상은 완성한 것이다. 너무 완벽하게는 말고, 자신의 기분이 좋을 정도만으로 만족해야 한다. 우리가 하는 모든 행동이 운동이다. 걸어가는 걸음걸음, 한걸음이 운동이요. 숨을 쉬는 행위 자체가 운동이다. 우리가 매일 반복하는 행위가 우리 자신을 만들고, 이 탁월함으로 인간은 각자 너무나도 개성 있게 행복하게 잘 살아가고 있다. 하지만 지금보다 더 나은 자신이 되고자 하고 성장하고자 한다면 자신의 영혼에서 느끼는 바꾸고자 하는 행동을 꾸준히 자주 반복해서 해주면 긍정적으로 삶이 바뀐다. 탁월함은 행동으로 나오는 것이 아니라 매일 하는 행동의 반복, 즉 습관에서 나오기 때문이다.

윌리엄 제임스 미국의 심리학자는 습관에 관해 이렇게 말했다.

생각이 바뀌면 행동이 바뀌고,
행동이 바뀌면 습관이 바뀌고,
습관이 바뀌면 성격이 바뀌고,
성격이 바뀌면 운명이 바뀐다.

생각을 바꾸자. 아주 사소한 행동도 행운으로 바뀌기 위해서는 운동은 필수다. 운동이란 1초 숨을 쉴 때 아주 정

운동화 지금 당장 신으세요!

성스럽게 의식하면서 건강해진다고 생각하는 것이다. 이렇게 호흡을 알아차리게 되면 운명이 바뀐다. 호흡은 모든 것이다. 생명이다. 호흡을 통해서 우리는 잠시 들이쉬고 내쉬는 숨에 생각의 공간을 발견하게 된다. 그때가 모든 것을 이루는 명상의 때이다. 그 호흡이 된다면 운동하기는 쉽다. 호흡을 의식하는 것만으로도 많은 것을 이룰 수 있다. 호흡을 매일 1초씩 크게 365일 매일 한다는 것을 아침의 루틴으로 만들어 놓으면 놀라운 변화가 생길 것이다. 운동에 관한 책에서 왜 '호흡'을 이야기 하는지 운동을 하면 점점 알게 될 것이다.

호흡은 장점이 많다. 1초간 호흡을 인식해 보자. 호흡도 수많은 몸의 기관들이 움직여, 즉 운동해서 움직이는데 잊고 살고 당연시 하는 경우가 있다. 호흡은 모든 것이다. 만약 들숨 다음에 날숨이 안 나오면 우리는 이 세상에 더이상 존재하지 못한다. 1초라는 시간이 너무 짧다 생각된다면 1분간 호흡을 한번 바라보라. 생각보다 시간이 굉장히 안 간다는 것을 알 수 있다. 우리는 생각을 의식하지 않기 때문에 호흡이 그냥 되는 것처럼 보이지만 사실은 몸의 수많은 기관이 정상적으로 작동해야지만 호흡이 원활하게 되는 것이니 이 호흡이 얼마나 중요하고 감사한지 모른다.

운동이라면 거창하게 크게 하는 것이 아니라 시작은 아주 사소하게 간단하게 시작한다. 호흡을 할 수 있는 조용한 자신만의 공간을 만들자. 균형이 잡혀있고, 안정되고 고요한 자세로 편안하게 앉아서 타이머를 1분으로 맞추고 숨이 들어오고 나가는 것을 바라보라. 의식적으로 해도 좋고, 그저 호흡이 배에서 왔다가 나가는지 폐에서 나왔다 나가는지 아무런 분별이나 판단 없이 그저 호흡한다. 앉을 때는 척추를 누가 하늘에서 잡아당긴다고 생각하고 곧추 세우는 것이 좋다. 시간을 딱 1분간 맞춘다. 편안하게 호흡을 하면서 오장육부가 제자리로 찾아가고 몸이 순환이 되는 느낌이 들 것이다. 이것이 가장 단순한 운동이다. 사람들이 하는 말, '숨쉬기 운동'은 의미 있는 말이다.

사소한 습관의 힘을 무시하지 말자. 아주 작은 시작이라도 큰 결실을 이룬다. 1분은 쉬울 것 같지만 일상의 분주한 속에서 1분을 의식하지 않으면 잘 낼 수 없는 시간이기에 위대하다. 1분이 안 되면 1초를 생각하자. 혼자 있을 장소로 가서 자리에 편안히 앉은 후, 다리를 펴고 고정된 몸

운동화 지금 당장 신으세요!

에 척추를 곧게 펴고 알람을 1분으로 맞추고 눈을 잠시 감는다. 마음을 호흡 속에다 넣고 지금의 마음이 어떤지 살펴보자. 알람 소리가 들리면 더 이상 하지 말고 운동을 마친다. 이 숨쉬기 운동의 장점은 너무나도 쉬워서 잊어버리지만 않으면 언제든지 할 수 있다. 만약 화가 난다면 1분 호흡으로 60초 동안 호흡을 바라보는 것만으로도 감정이 잠잠해진다.

운동의 목표를 뭔가 거대하게 잡았더라면, 아예 처음부터 포기했을 것이다. 그러나 1초와 1분으로 시작했다. 그 작고 사소한 습관이 40km 자전거를 타도 별로 힘이 안 들 정도로 체력이 강해졌다. 그저 산책하는 느낌이 되기까지는 호흡의 비밀을 알았기 때문이다. 수영할 때에도 호흡하는 방법을 터득하면 물에서 나오지 않아도 될 정도로 수영을 할 수 있다. 모든 것은 호흡에서 시작하고 호흡으로 끝마치게 된다. 호흡은 본질이다. 모든 움직임의 기본은 숨쉬기다. 숨쉬기만 잘한다면 운동은 잘할 수 있다.

# 1초만 달려도 좋아

'1초만 달려도 좋다고? 그게 실제로 효과가 있을까?'

'적어도 유산소는 30분 이상 해야 효과가 난다고 하지 않았나?'

이렇게 생각하면서 운동하지 않을 방법을 궁리하기 위해 온갖 이유를 떠올린 적이 있을 것이다. 일단 운동을 시작하기 위해선 너무 크게 생각하지 말아야 한다는 것이 핵심이다. 생활 속 작은 움직임도 꾸준히 하면 효과가 난다. 작은 활동도 꾸준히 하면 효과가 있다. 여기서 중요한 포인

운동화 지금 당장 신으세요!

트는 '꾸준히 하기'다. 본격적으로 운동을 하기 전에 습관을 들여놓기 위해서 작은 운동한다. 운동장 10바퀴는 너무 큰 목표다. 하지만 하루에 한 번 다리를 들어 올려서 점프하면서 달리는 포즈만 취해도 운동을 한 것이라고 뇌에 입력하면 몸은 운동한다고 생각한다. 잠재의식에 깊이 각인되면 운동이 습관화되는 몸으로 바뀐다.

건강에 관한 기사들이나 책을 자주 읽어서 운동하는 것의 중요성에 대해서 인식했다. 가랑비에도 옷이 젖듯이 잘못된 습관이 하나씩 쌓이면 시간이 지나면 결국 몸에는 탈이 날 수밖에 없다. 하시만 운동한다고 생각하고 1초만 달리면, 운동을 꾸준히 하는 몸으로 바뀐다. 강북삼성병원 내분비과 이은정 교수는 "생활 습관을 고쳐 나가면 처음에는 이 정도로 뭐가 달라지겠나 싶지만 나중에는 건강한 몸이 보상으로 온다."라고 말했다.

운동을 전혀 안 했을 때 1초간만 달리자고 생각했다. 점프 한 번 한 것을 운동했다고 기뻐하고 좋아했다. 달리기가 암 발생률을 낮춰준다는 연구 결과는 달리기에 대한 의식을 바꿨다. 힘들게 달려야 하는 것을 1초만 달려보자는 생각으로 시작해 보니 놀라운 변화들이 생겼다. 달리기가 새로운 양성 세포의 발달을 촉진하고 악성 세포 생성을 예방한다. 매일 달리는 행위를 하다 보면 좋은 세포들이 많이 생긴다는 결론이 난다. 1초라고 생각하면 매일 달릴 수 있다. 성공했다는 기분을 뇌에 인식시키면 되기 때문이다. 꾸준히 습관으로 굳혀 가면서 처음에는 이 정도로 뭐가 달라지겠나 싶었지만 계속 달리다 보니 1초가 5분이 되었고, 10분, 30분, 풀코스 완주 10번이 되었다.

50대 여성은 신체 기능이 떨어지는 동시에 폐경기를 겪으면서 여성으로서의 정체성이 흔들리면서 감정 기복이 심해진다. 사춘기와 함께 일생에서 가장 큰 변화를 겪는 갱년기에 접어들기 때문이다. 하지만 운동을 꾸준히 해 온 마흔의 여성은 갱년기가 되어서도 건강하여 감정의 기복을 크게 경험하지 않는다. 갱년기는 남성과 여성의 생애 주기별로 다 오지만 여성이 더 심하게 겪는다. 여성 건강이 더 문제라고 하면서 전문가들은 골다공증을 비롯해 당뇨, 우울증, 심혈관질환, 고지혈증의 위험이 증가한다고 경고한다. 이때 꼭 필요한 것이 가장 먼저 운동이다. 운동 습관이 꾸준히 유지되면 골다공증이나 여성의 우울증, 생활

습관병인 성인병이 잘 오지 않는다. 오더라도 가볍게 넘어
간다. 달리기는 스트레스 해소뿐 아니라 뼈에 압력을 가하
면서 골다공증도 예방한다.

질병을 예방하고 건강한 삶을 살기 위해 운동해야 한
다. 예방을 위해서는 가장 손쉬운 방법의 운동을 선택해
야 한다. 달리기의 효과를 읽으면 지금, 이 글을 읽는 독자
들은 그 자리에서 달리기를 1초 해볼 것이다. 달리기는 뇌
의 세포 기능에 필수인 미토콘드리아 생성을 활발하게 한
다. 미토콘드리아가 많이 만들어지면 결과적으로 몸 전체
가 건강헤진다. 달리기는 심장이 더 많은 피를 돌게 하여
폐는 최대한 많은 산소를 소비하게 되어 심폐 기능이 강화
되고 순환계통이 건강해진다. 관절을 강화하고 45세 이상
의 골다공증이 발생하기 쉬운 중년의 여성에게 뼈의 미네
랄의 밀도를 높여 엉덩이 관절과 다리뼈 강화에 좋다. 마
흔 이후에 엉덩이가 처지는 현상이 있어서 달리기를 매일
꾸준히 했더니 엉덩이가 처지지 않는다. 피부가 건강해지
고 노폐물이 많이 빠져나가서 젊어진다.

생로병사의 비밀에서도 달리기가 몸에 좋은 이유를

방영했다. 달리기는 노화를 방지하고 조기 사망률과 발병률을 낮춘다. 스탠퍼드 대학교 달리기 효과 연구를 인용하면서 50대 이상 500여 명을 대상으로 20년 동안 관찰한 결과, 달리기를 몇 분이라도 꾸준히 한 사람들의 사망률은 15%, 달리기하지 않은 사람들은 34%로 큰 차이를 보였다. 존 레이터 미국 하버드 대학교 임상정신과 교수는 우울증 정도가 심한 환자를 대상으로 달리기시켜봤다. 매일 30분씩 러닝머신 위에서 달리기를 시키고 한 시간 후 우울증 정도를 조사했다. 우울감이 40%가 줄고, 긴장 정도는 50% 감소했다. 달리기 하나로 약물치료와 비슷한 정도의 치료 효과가 있다고 하니 1초 만이라도 매일 달리자.

달리기를 매일 하니 주변 사람들은 "지치지도 않냐?"고 항상 물어본다. 그럴 때마다 언제나 "운동할 힘은 항상 있다."라고 말한다. 달리기가 습관이 되어 있어서 어딜 가더라도 달리는 행위를 매일 한다. 1초를 최소 습관으로 잡고 매일 달리기를 성공시키면 뇌에서는 매일 운동하는 것으로 인식한다. 당연히 건강을 덤으로 주는 것은 어찌 보면 뇌의 메커니즘일 것이다. 우리가 운동할 때 나오는 엔도르핀, 엔도카나비노이드 수치가 올라가는 것은 몸의 건

운동화 지금 당장 신으세요!

강뿐만 아니라 정신건강에도 큰 도움이 된다. 이 두 물질은 삶의 스트레스가 있는 상황을 가볍게 넘기게 하고, 기분을 좋게 하고 통증 반응을 통제해 만족감을 주는 호르몬을 뇌에서 분비하게 해 건강하게 만든다.

1초만 달려도 된다. 엔도카나비노이드가 나오니 걱정이나 스트레스가 싹 사라지고, 통증이 가라앉고, 근심을 없애고 행복을 선사하는 신경 화학물질을 1초 달리기로 매일 받을 수 있다. 나이가 들면서 신체 건강은 물로 정신건강도 위협을 받게 된다. 정신건강을 지키려면 스트레스 지수를 떨어뜨리고 감정을 잘 조절해야 하는데 1초 달리기가 도움이 된다. 스트레스받을 때엔 딱 1초만 달려본다. 유튜브를 통해서 달리기 명상 1분을 찍으면서 항상 1초만이라도 달리라고 이야기한다. 처음에는 달리기 좋아하지 않던 분들이 점프를 한 번 하더니 이제는 달리기 매니아들이 되었다. 시작은 아주 작게 했다. 달리기 1초를 우습게 보면 안 된다. 1초가 2,400km가 된다. 현재 운영하고 있는 카페의 회원들은 매일 아침 달리기를 한다. 시작은 1초와 1분이었다. 성경에도 이런 말이 있지 않은가.

"네 시작은 미약하지만, 네 나중은 심히 창대하리라."

(욥기 8장 7절)


어떤 습관이든 시작하는 것이 힘들지만, 아주 작게 시작하면 쉽다. 쉽고 아주 작게 시작한 것이 꾸준히 쌓이면 큰 운동량이 된다. 달리기하지 않고서는 하루 중 뭔가를 빼먹은 느낌이 들어 어딜 가든 달리게 된다. 어떤 복장이든 어떤 신발을 신고 있든 1초간 달리기는 쉽다. 이 쉬운 목표를 계속 성공시키면 어려운 도전 과제도 잘 해결할 수 있다. 믿고 매일 1초간만 달려보자.

# 매일 1cm만
# 움직인다

"스마트폰보다 더 재미있는 거 없나요?"

"'다음에 하지 뭐'하면서 미뤄왔던 거 없나요?"

"내가 나에게 주고 싶은 선물 리스트는 뭔가요?"

"보기만 해도 기분 좋아지는 장소는 어딘가요?"

"버리고 싶은 나의 모습 딱 한 가지는 뭘까요?"


현실에서 딱 1cm 벗어난 작은 행복을 말하는 책을 발견했다. 《1cm 다이빙》 책을 서점 베스트셀러 코너에서 봤다. 책의 표지가 다이빙 하는 포즈인데 '1cm'의 거리다. 사람의 키가 160cm에서 170cm가 보통인데 1cm만 다이빙을 하라고 한다. 책을 만드는 사람들은 천재다. '어떻게 이러한 호기심을 유발하여 사람들이 책을 사게 하는지…….' 출판사에게 경외심이 들었다. 호기심이 발동하여 '어떻게 딱 1cm를 다이빙하지?'라는 독자의 궁금증을 유발하기 위한 제목에 책을 사서 읽는다. 하지만, 책의 내용이 심도가 있다. 삶의 질문들을 가볍게 넘길 수 없는 책이다.

1cm 정도의 작은 행복을 말하는 책에서 나는 달리기도 1cm만 달려도 된다고 생각한다. 운동이라고 하면 거창하게 마라톤 선수가 된 것처럼 장거리를 달려야 하는 것으로 생각해서 포기한다. 쉽게 포기하는 이유는 목표가 너무 크기 때문이다. 딱 한가지와 딱 한지 평생소원, 딱 한 가지 먹고 싶은 음식, 딱 한 가지 18번 노래, 딱 한 명의 사랑하는 사람만 있다면 얼마나 세상이 간단할까. 하지만 수많은 대중매체와 광고가 많이 가질수록 더 행복하다고 가짜 유혹을 던지고 있으니 사람들은 거짓 행복에 중독되어 있다. 삶에서 필요한 것은 그리 많지 않다. 운동도 마찬가지다. 너무 크게 운동을 많이 하다가 다치기도 하고, 근육통이 생기기도 한다. 운동이 정말 좋아서 하는 사람이면 몰라도 사람들 대부분은 운동할 때 그렇게 많이 할 수 있는 시간

운동화 지금 당장 신으세요!

을 낼 수 없는 것이 현실이다.

　원시시대에는 지금처럼 스마트폰도 없었고, 오직 먹이와 생존에 중요성을 부여해서 만약 맹수에게 쫓겨 달리지 못하면 인류의 유전자가 존재할 수 없었다. 이들에게는 먼 미래를 보는 시각화 기법보다 당장 생존에 직면해야 했다. 그래서 1cm를 어떤 속도로 달리기를 했는가 하면 거의 마하의 속도로 달렸다. 마하의 속도가 어느 정도냐면 마하 5가 6,120km이니 시속 시간당 속력은 6,120km/h 개념으로 환산하면 6,120×1000/3,600(m/s)으로 계산되어 1,700m를 간다. 마하 1은 소리의 속도 소리는 340m/s 1초에 340m를 소리가 가니 얼마나 우리의 조상은 빨리 달렸는지 모른다. 지금은 다리로 달리는 것이 아니라 차가 대신 가주고, 비행기가 운송을 해주니 달리는 인간의 유전자가 사라지고 편안하게 앉아서 일하는 시스템으로 움직인다. 운동의 필요성을 못 느끼는 것이다.

　먼 미래를 내다볼 수 있는 유전자가 장착되지 않은 현대인들은 미래를 잘 예측하지 못한다. 지금 움직이지 않고 운동하지 않으면 어떻게 될 것이라는 내 모습을 추측할 수 없다. 원시시대의 인간은 움직일 수밖에 없는 유전자를 심어 두었다. 유전자는 쉽게 바뀔 수 없다. 습관이 잘 안 바뀌는 것도 한 번 움직임을 고정해 두면 잘 변하지 않기 때문이다. 변화하기 위해서는 작은 행동을 꾸준히 하는 노력이 필요하다. 아주 작은 습관은 목표를 실패할 수 없이 잘게 나누어 최소한의 원자 단위의 운동을 하면 성공할 가능성이 100 프로다. 서서히 반복으로 잠재의식에 각인이 되면 운동으로 미래가 건강한 몸으로 자동적으로 바뀐다. 분자를 쪼개고 쪼개면 원자, 원자를 쪼개고 쪼개만 아원자가 된다. 이마저도 결국에는 에너지로 남아있고, 이 에너지는 의식적인 생각에만 반응한다. 운동을 하고 있다는 생각을 의식적으로 잠재의식에 새기면 우리의 뇌는 1cm라도 달리는 것을 운동이라고 입력하여 미래에 건강한 몸을 선물해준다.

   의식적으로 건강해진 몸을 상상하고 미래에 자신 몸이 어떻게 행복하고 건강하게 바뀔지 1cm만 상상해 보자. 실제로 과학자들은 우리를 행동하게 하는 것은 이마의 눈 근처 뇌의 아주 작은 거리의 몇 cm뿐이라고 한다. 1cm만 달린다고 생각하고 뇌에 운동하는 것을 입력해 보자. 어떻

운동화 지금 당장 신으세요!

게 변화하는지 21일만 딱 해보자. 습관을 형성하는 시기는 21일 정도 꾸준히 반복하면 어느 정도 뇌가 인지한다. 이 기간 동안은 1cm운동이라는 단어를 의식으로 뇌와 마음에 입력하여 운동 하는 습관을 만드는 뇌를 만들어 움직여 보자.

"뇌세포가 여러 번 자극이 되면 세포 속에 있는 단백질 키나아제 A의 농도가 올라간다. 단백질이 확산하여 핵으로 들어가 DNA를 자극한다." 뇌과학자들의 연구 결과, 습관은 고정된 것이 아니라 반복하면 바뀐다는 것을 알 수 있다. 단기기억이 유전자가 커지면서 세포의 시냅스를 장기적인 유전자로 바꾼다. 습관을 형성하기는 어려우나 한 번 마음먹고 반복만 하면 완전히 고칠 수 없는 것은 아니다. 단, 아주 작은 습관을 자주 반복적으로 자극해야 한다는 전제 조건이 붙는다. 처음 장기기억을 자주 반복해서 습관적으로 반복해서 자극이 가해지면 그때부터는 간헐적으로 산발적으로 자극을 주어도 시냅스가 연결된다. 한 번 운동하는 습관을 들이면 장기기억에 운동하는 뇌로 바꾼다. 뇌가 운동화를 신는 것이다.

운동이 중요하고 건강에 제 1요소라는 것을 사람들은 인지하고 있다. 인간은 움직이기 위해 태어났기 때문이다. 움직이는 것은 인류의 원시 유전자가 생존 모드를 위해 달리도록 디자인되었다. 1초 달리기 모드를 쓰지 않으면 건강을 지키는 기능이 퇴화된다. 각종 질병과 불편한 증상을 호소하는 것도 시작은 1cm 정도 움직이거나 달리지 않기 때문이다. 만약 진정으로 건강하고 싶다면 1cm만 달린다고 생각하고 실패할 수 없을 정도의 작은 습관을 반복하라. 장기기억으로 뇌의 시냅스가 옮겨가서 반드시 건강한 몸을 선물할 것이다.

뇌의 신경 가소성에 의해서 운동하는 상상만 하더라도 근육이 생긴다는 연구 결과들은 운동 의식의 중요성을 말해준다. 너무 운동하기 싫은가. 그러면 딱 1cm만 움직이라. 절대 운동을 안 하던 사람들은 초기에는 움직이지 않는다고 마음먹고 딱 1cm만 달리자. 어떤 좋은 일이 21일 이후에 일어나는지 잘 살펴본다. 반드시 여러분의 몸은 이전과 같지 않을 것이다. 처음에는 1cm라고 생각했는데 하다 보니 재미있어서 10cm가 되고 100cm가 되고 1km의 거리가 될 것이다. 정말이다. 믿어보시라. 운동 안 하고 삶

운동화 지금 당장 신으세요!

이 너무나 막막하고 미래가 걱정되었던 내가 마라톤 풀코스를 좀 스트레스받으면 바로 나가서 달릴 수 있는 체력은 처음 1cm부터 시작된 도전 덕분이었다.

처음부터 42.195km를 달리라고 했으면 평생 못 달렸을 것이다. 일단 시작은 아주 작게, 점차로 강도를 조금씩 올린다. 더 잘 되면 아예 큰 목표를 잡아도 된다. 습관의 힘은 이렇게도 강하다. 그러니 나를 믿고 꼭 1cm만 움직여보라. 달린다고 뇌에 입력하자. 반드시 큰 결과가 생길 것이다.

## 거창한 목표는
## 영구 프로그램 삭제 버튼

"마흔이고 뭐고, 일단은 근육이 많아야 해. 근육이 많
아야지 건강해."

운동을 마치고 헬스장에서 씻으려고 하는데 마흔 중반의
회원들이 근육에 대해 말했다. 시중에 나와 있는 수많은
정보 중에 그들은 근육이 중요하단 것을 인식하고 운동을
하러 왔다. 하지만 의도한 대로 근육 운동이 잘되지 않는
듯하다. 마흔엔 근육 운동이 중요하다는 건강 전문가들의
말을 듣고 운동을 하니 다행인 것처럼 보인다. 하지만 일
반적으로 마흔에는 '운동은 힘들다'라는 말을 한다. 그분

운동화 지금 당장 신으세요!

들은 헬스장에 다니는 것은 건강에 신경을 쓴다는 의미이니 다행이다.

근육 운동을 해야 하는데 방법을 몰라 고민한다면 거창한 목표는 잊는다. 일단은 헬스클럽에서 약간 무겁다고 생각하는 것을 하나 들어 올렸다 내리는 것으로 목표를 정한다. 거창한 목표는 꿈이니 세우지만, 영구 프로그램 삭제 버튼을 눌러야 한다. 일단은 시작하는 단계에서 조금이라도 운동을 습관화하고 싶다면 거창한 목표는 일단 지워야 한다. 뇌에서 크게 뭔가를 하는 것을 처음에는 반기지 않는다. 근육을 키우고 싶으면 처음부터 운동이 익숙하지 않은 상태에서 케틀벨을 20kg을 드는 것은 무리다. 그렇게 무리하면 다치고 근육통이 생겨 쉽게 포기하게 된다.

"회원님은 근육량이 얼마이고 체지방이 많으시니 이렇게 감량을 해야 건상해져요."

"제가 그렇게 뚱뚱한가요?"

"인바디 수준은 보통이지만 지금 운동을 해놓으셔야

더 건강한 몸이 될 거예요."

　　보통 헬스클럽에 가서 몸 상태를 점검받기 위해서 체중도 재고 몸무게도 단다. 좋은 말이 나올 수 없다. 운동을 하러 가면 영업을 해야 하므로, 상담을 해주는 사람들은 무조건 안 좋다는 말을 많이 한다. 그러면 고객은 회원권을 산다. 이런 헬스클럽에 가서 운동하기보다는 일단은 먼저 가볍게 '앉았다 일어나는 것'을 운동한 것으로 목표를 잡는다. 우리가 새해 목표를 잡을 때 변함없이 등장하는 메뉴는 다이어트와 운동 아니던가. 그것을 지킨 사람들이 얼마나 되는지 아는가. 연구에 따르면 새해 계획이 다 지켜지는 사람들은 약 20%도 안 된다고 한다. 대부분의 80%는 운동과 다이어트에 실패한다.

　　이유는 너무나도 큰 목표와 거창한 계획을 세우기 때문이다. 해본 적 없는 운동을 강도를 심하게 해서 근육통이 생겨버리면 인간의 의지는 약해진다. 그다음 날 우리 몸은 고통을 피하고자 하는 욕구가 있으므로 아무리 돈을 많이 내고 회원권을 끊어도 안 가게 된다. 거창한 것을 다 버리고, 새해에는 앉았다 일어나기 한 번, 혹은 푸쉬업

　　　　　운동화 지금 당장 신으세요!

1번, 여자의 경우는 무릎을 바닥에 댄 상태에서 팔굽혀펴기 한 번을 하는 것을 목표로 한다. 실패할 수 없게 한다면 운동 목표는 크게 성공한 것이다. 성공의 크기는 거창하게 큰 목표만이 성공이 아니라 아주 작은 목표를 이루어 내는 것도 성공이다. 뇌는 똑같이 인식한다.

조물주는 우리 모두에게 자유의지를 주었다. 무엇이든 할 수 있게 만들어 놓은 신의 섭리에 너무 거창한 목표를 잡는 것은 마치 신이 될 수도 있다고 선포하는 것이다. 뭐든지 뚝딱 만들 수 있는 일이 이 세상에 있을까. 마치 신이 하듯이 운동선수처럼 한다는 것은 이치에 맞지 않는다. 거창한 목표를 떠올린다면 하루 만에 달성하는 것은 불가능하다. 오히려 짧게 운동하는 것을 반복으로 습관을 만들면 바라는 건강한 몸을 만들 수 있다. 마흔 이전에는 몸의 회복이 빨라서 고강도 운동을 해도 회복이 빠르지만, 서서히 노화가 신행되는 사십 대 이후에는 중간 정도의 강도로 꾸준히 운동하는 것이 좋다.

목표 달성에 실패하는 것은 의지나 노력, 열정이 부족했기 때문이 아니다. 오히려 반대로 그 의지나 노력, 열정이 처음부터 너무 과도했기 때문이다. 뇌는 갑작스러운 변화를 생존의 위협으로 느끼도록 진화해 왔다. 우리는 진화의 결과물이다. 크게 목표를 잡는다는 것은 너무나 큰 변화라서 생존이 위협받는다. 인간의 가장 기본 욕구인 생존이 편안하지 않다면 운동이라는 행위 자체를 포기한다. 건강한 미래를 예상할 수 없다. 거대한 목표에 영구 삭제 버튼을 누르고 일단 시작할 수 있는 아주 간단한 목표를 잡지 않으면 뇌는 계속해서 저항할 것이다. 저항이 계속되면 학습된 무기력감으로 운동 자체를 안 한다. 건강한 노후를 상상할 수 있겠는가. 마흔 이후 여성의 건강을 위해서는 휴식과 운동은 꼭 필요하다.

어떤 큰 운동 목표라도 시작은 아주 작게 실패할 수 없을 정도로 연습이 되어 운동이 익숙해지면 그때는 조금만 더 목표를 올린다. 뇌가 알아차리지 못하게 세워야 한다. 목표를 세워 앞으로 운동하고자 할 때 처음에는 모든 것이 절대적으로 아주 작아야 한다. 도저히 실패할 수 없을 정도로 작아야 한다. 언제나 거창한 목표는 시작 단계에서 영구 삭제 버튼을 뇌에서 누르자. 서서히 잠재의식이 익숙해지면 그때는 괜찮다. 운동이 습관화될 것이기 때문

운동화 지금 당장 신으세요!

이다. 어느 정도 작은 운동 습관이 몸에 배면 그때부터 조금씩 늘려가는 것이 좋다. 그러면 뇌에는 점점 운동 회로가 생겨 새로운 몸을 선물할 것이다. 놀랍게 변할 것이니 믿어도 좋다. 손 하나 까닥하기 싫었던 내가 철인 3종과 마라톤 풀코스는 거뜬하게 하는 몸으로 바뀌었으니 말이다.

목표의 크기도, 운동 계획의 크기도, 행동의 크기도 모두 아주 작아야 한다. 실패할 수 없을 정도로 작아야 한다. 그래야 뇌가 변화를 감지하지 못하고 목표를 향해 끝까지 앞으로 나아갈 수 있다. 이 책을 통해서 계속해서 운동을 시작하는데 저항이 없게 하는 방법과 운동을 할 때 단계별로 나타나는 증상에 대한 대처방법, 목표를 잘게 나누어서 실행하는 방법에 대해서 구체적으로 제시할 것이다. 운동을 습관으로 만들어 유지하는 방법에 대해 설명할 것이다. 이 책에 제시된 방법을 따른다면 당신이 그 어떤 목표를 정히디라도 운동에 성공할 수밖에 없을 것이다. 잘 따라오기만 하면 운동이 습관이 된다. 지치지 않고 끝까지 운동 목표를 완수할 수 있을 것이다!

아주 작은 운동 목표를 세울 때는 딱 두 가지만 기억

한다. 성공학 책이나 자기 계발서에는 '목표가 커야 성과도 그만큼 크다'라고 강조하니 처음부터 큰 목표에 도달하려다가 실패한다. 에베레스트를 오르기 위해선 일단 비행기 표를 예약해서 네팔로 가는 게 먼저다. 그전에 체력을 길러서 에베레스트를 오르기 위한 작은 목표를 지녀서 꾸준히 훈련을 해야 한다. 목표가 멀리 있으면 시간을 두고 더 잘게 나누어 작은 목표에 성공해야 네팔 가는 비행기 표를 예약할 수 있다. 하지만 얼마나 많은 사람이 처음부터 넘치는 의지와 열정으로 커다란 목표를 세웠다가 중도에 포기해 버렸는가? 중간 과정을 다 무시하고 결과만 생각하기 때문이다.

우리는 목표에 대해 그동안 옳다고 믿어왔던 것을 완전히 영구 삭제 버튼을 누르자. 일단은 시작하는 단계에서는 거창한 목표는 전부 다 쓰레기통에 버린다. 버리고 두가지 원칙을 기억해야 한다. 첫 번째 원칙은 '충분히 해낼 수 있을 정도로 너무나도 가벼워서 실패할 수 없게 아주작고 가볍고 재미있게 시작하는 것'이다. 자신의 현실적능력을 냉정하게 직시한다. 그렇지 않으면 능력 외의 운동을 끌어올 가능성이 크다. 자신의 현재 능력에 걸맞은 운

운동화 지금 당장 신으세요!

동 목표를 세워야 포기하지 않고 나아갈 수 있다. 두 번째 원칙은 '목표를 최대한 잘게, 쉽게 최소 단위인 원자보다 더 작게 나누는 것'이다. 실패하는 것이 어이가 없을 정도로 나눈다. 이걸 못 하면 정말 바보 같다고 생각하며 웃음을 지을 정도로 잡는다.

더 이상 잘게 나누는 것이 불가능할 정도로 운동 목표를 작게 나눠라. 이렇게 하면 얼마 지나지 않아 자신감이 붙는다. 뇌에서는 이제는 운동을 재미있게 인식할 것이다. 불필요한 프로그램을 모두 다 삭제한다. 그러면 작은 목표에서 자신감이 붙으면 저절로 조금 더 수준을 올릴 수 있게 된다. 이 두 가지 원칙에 따라 조금씩 실행력의 차원을 높이다 보면 자신도 모르는 사이에 운동 목표를 달성한 자신을 발견할 수 있을 것이다.

# 천릿길도
# 한 걸음부터

마흔이 넘으면 운동을 해서 근육을 키워야 건강해진다는 것을 안다. 육체의 근육을 키우기 위해서는 맨 먼저 일단 헬스클럽으로 걸어가야 하는 한 걸음부터다. 이 간단한 걸음이 시작이다. '시작이 반이다'라는 말이 있는 것처럼, 일단 시작을 해놓으면 뭐든지 하나를 들게 된다. 마흔을 넘은 중년의 여성들은 건강을 위해서는 웨이트 트레이닝을 해야 한다는 것을 안다. 그러나 헬스클럽에 가서 운동 처음 하는 사람 중, 무거운 운동 기구를 들어 올릴 수 있는 의지가 있는 사람들은 이 세상에 몇 명이나 될까.

운동화 지금 당장 신으세요!

육체의 근육처럼 마음의 근육도 중요하다. 마음도 자주 단련해서 의지를 내어야 운동할 마음이 생긴다. 마음을 단련시킬 방법은 일단 '알아차림'이다. 인식하고 자신 몸이 지금 변화가 필요하다는 말을 들어줘야 한다. 선천적으로 의지가 약한 사람들은 없다. 근육은 운동하면 할수록 늘어난다. 바디 프로필을 찍기 위해서 PT 선생님에게 근육 운동을 따로 훈련을 받아보니, 근육은 운동하고 단백질 위주의 식단을 지키면 한 달 안에 늘어난다. 신기하게 근육이 생성되는 것을 보고 이 세상에 의지가 박약인 사람은 없다는 생각이 들었다. 자기 훈련이 된 사람들은 어떤 일이 있어도 시작했기 때문에 잠재의식에서 운동을 위해 필요한 행동을 하게 되어 있다.

"혹시 지금 지갑에 삶의 목표를 적은 종이가 있는 분은 손들어 보세요."

"저요. 저."

"잠시 보여주실 수 있나요?"

"네."

"이리 잠시 나와서 읽어주시지요."

1. 52kg의 건강한 몸매를 가진다.
2. 달리기를 매일 1시간씩 한다.
3. 조여정처럼 된다.

필자는 목표에 대해 강연할 때 항상 이 질문을 해본다. "지갑에 혹시 목표를 써서 다니세요?" 위의 목표는 아주 잘 정리된 것처럼 보인다. 건강한 몸을 꿈꾸는 마흔 여성의 워너비이다. 그런데 여기에는 큰 저항이 있다. 일단은 아주 잘 정리된 운동 목표를 위한 동기부여가 충분히 되는 목표다. 왜 저항이 있는가 하면 운동을 별로 하지 않고, 단 것을 좋아하고 먹는 것을 좋아해서 체중이 많이 나가는 청중이 갑자기 이렇게 한 시간씩 운동한다면 어떻게 될까? 지갑에 목표를 적어서 들고 다니면 일단은 의지가 있다는 뜻이다. 하지만, 목표를 잘게 나누지 않았고, 너무 큰 목표를 현재 상황에서 고려하지 않고 정하면 지레 포기하게 된다.

운동화 지금 당장 신으세요!

만약 66kg의 체중이라면 우선 아주 작게 운동을 하여 매일 몇 분이라도 걷는 것을 목표로 해야 한다. 결과 목표를 적는 것도 중요하지만 과정을 지나치면 목표를 향해 가는 과정이 버겁다. 즐겁고 재미있게 운동하려면 아주 작게 먼저 목표를 시각화하는 과정이 반드시 들어가야 한다. 그래서 물어봤다. "혹시 이렇게 매일 1시간씩 운동하세요?" 그랬더니 밤늦게 일하고 생활이 불규칙하고 프리랜서라서 생활이 불규칙해서 잘 운동을 못하고, 하면 어지럽고 그래요. 그래도 열심히 해보려고 합니다.

천릿길도 한 걸음부터인데 한 걸음을 건너뛰고 1만 보를 걷는다고 생각하니 뇌는 받아들이지 않는다. 저항 없이 운동의 목표를 시작하는 방법을 메모지에다 적어보자. 눈에 보이면 인식하게 되고 이 인식이 뇌를 움직여 운동하게 된다. 일단은 자신이 바라는 건강한 몸을 가진 롤모델을 찾는다. 스마트폰도 좋고, 잡지에서 오려서 잘 보이는 곳, 냉장고에 붙여 놓자. 인지하게 되어 잠재의식에 새겨지면 그 몸매가 되어 건강해질 가능성이 높다. 천릿길을 가기 위해서는 그 길이 어디에 있는지 목적지를 정해야 한다. 목적지는 목표다. 목표를 정하기 위해서는 다음과 같은

목표를 이루는 방법을 종이에 적어두어야 이룰 가능성이
크다.

강연에 가서는 이렇게 청중들에게 알려준다. 일단 꿈
과 목표를 종이에 적게 한다. 명함 사이즈의 아주 작은 종
이나 포스트잇에다 건강한 몸이나 이상적인 몸이 되었을
때 어떤 결과가 수치로 보이는지 적게 한다.

1. 건강한 몸과 활력이라는 꿈과 목표를 종이에 적는
   다.
2. 꿈을 상상하기 위해선 보이는 이미지를 가까운 곳
   에 붙여 둔다.
3. 꿈과 목표의 결과와 과정 모두 시각화한다.
4. 꿈과 목표의 과정과 계획을 적은 종이를 매일 들고
   다니면서 지갑에다 놓고 본다.
5. 그 목표를 얻기 위해서 할 것은 일단 종이에 적은
   것을 보고, 느끼고 행동한다.

이 다섯 가지 과정이 천릿길 중에 가장 중요한 한 걸
음이다. 건강한 몸이라는 체력을 얻기 위해서는 아주 작은

운동화 지금 당장 신으세요!

저항이 없을 정도의 행동을 나누기 위해서 먼저 먼 미래의 목표를 적어본 다음 그 행동을 잘게 나누어 실패할 수 없을 정도의 행동을 오늘 안에 24시간 안에 해보는 것이다. 이것이 행동을 바꾸는 가장 강력한 방법이다. 종이에 적은 아주 간단한 행동을 72시간 안에 하지 않으면 그 목표는 별로 매력이 없거나 마음이 잘 안 가는 것이니 과감히 지우고 새로 목표를 정한다. 꿈은 크게 꾸되 목표로 가는 과정은 아주 작게 실패할 수 없을 정도로 아주 작게 시작하자. 천릿길도 일단 발걸음을 한 발짝 떼는 것이 시작이다. 시작하면 이미 목적지에 가 있게 된다. 믿고 실천해 보자. 잠재의식을 강력하게 바꾸는 방법이다.

# 500cc 삼다수 물병
# 한 번만 들어 올려도 좋아

"회원님, 왜 운동하려고 하세요?"

"건강해지고 몸도 튼튼하고, 무엇보다 마흔 이후에는 근육이 중요하다고 하고…….."

"뭘 그리 힘들게 운동하려고 해요. 그냥 되는대로 살 아요."

"PT를 받겠다는데 희한한 선생님이네요. 어찌 다른 곳에서는 체지방이 어쩌고, 근육을 더 키우라고 하는데 왜

운동화 지금 당장 신으세요!

우리 집 아파트 선생님은 PT 받는 비용을 낸다고 해도 가르치기 싫다는 건가요?"

PT 선생님은 마흔이 넘어 나와 비슷한 나이다. 20대 때 헬스와 운동을 가르치는 업을 시작하기 위해서 운동을 얼마나 많이 했는지 질렸다고 한다. 남자의 몸에 가질 수 있는 최고의 근육을 만들어서 몸이 아주 건강하다. 별로 아픈 데가 없다고 한다. 하지만 너무 운동을 많이 한 나머지별로 이제는 운동할 필요성을 못 느끼고 질려버렸다고 한다. 운동을 너무 많이 해서 과하게 하면 힘들어서 하기 싫어진다고 조언했다. 가볍게 할 수 있는 운동을 꾸준히 하라고 했다.

생활 속에서 할 수 있는 생수병 들고 달리거나 걷기, 집에서 발을 들어 올리고 내리는 레그레이즈 같은 운동을 가르쳐주었다. 강도만 높지 않다면 아주 쉽게 할 수 있는 운동들인데 집에서는 운동을 잘 안 하게 된다. PT 선생 말대로 일상생활에서 그렇게 높지 않은 강도의 운동을 꾸준히 하는 것이 좋긴 하다. 그러나 의지의 문제가 있다. 매일 규칙적으로 정해 놓고 운동을 하기 위해서는 같이 이 운동을 하자고 하는 친구가 있어야 한다. 단체로 인증하는 카톡방이 있거나 누군가가 항상 보고 있다고 격려해 주는 사람들이 필요하다. 운동을 혼자의 의지로 해낼 수 있는 사람들은 드물다.

직장맘이나 워킹맘이 많은 요즘 하나의 일을 하기도 버겁다. 집에 들어오면 운동을 하기보다는 쉬고 싶고 자고 싶은 게 현실이다. 출장에 잦은 회식과 스트레스와 직장에서 인간관계로 고민하는 여성들에게는 운동이 사치일 뿐이라는 생각만 강하다. 안타까운 마음에 푹 쉬라고 하지 운동을 하라는 소리를 외치는 심정은 이해해 주길 바란다. 왜냐하면 자신 몸을 계속 피곤한 상태로 방치하면 몸에서 이곳저곳에서 이상 신호를 보내기 때문이다. 몸은 원래 움직이도록, 즉 운동하는 몸으로 진화되었다. 이런 몸을 직장에서 일하는 노동과 즐겁게 자신을 위해 운동한다는 의식은 다르다. 자신을 위해 500cc 생수병 두 개를 들고서 한 번이라도 들어 올렸다 내려도 뇌는 운동을 했다고 간주한다.

뇌는 큰 목표를 설정하면 열정이 금방 식는다. 생수병

한 개가 어떻게 운동이 되는지 의심이 들겠지만, 여기 하루에 자기 전 푸쉬업 1개를 매일 하여 근육질의 몸매가 된 스티브 기즈를 소개한다. 스티브 기즈는 미국의 스타 파워 블로거다. 널리 알려진 열정의 자기 계발을 거부하고 자신의 블로그에 아주 작은 습관을 하나씩 매일 해서 올렸다. 그 결과 블로그의 방문자 수가 늘면서 엄청난 인기를 얻었다. 아주 작고 가볍게, 사소하게 습관을 바꿔야 한다면서 매일 30분씩 운동하라는 불가능한 현대사회의 분주한 여건에 반기를 든다. 무조건 실천할 수 있는 전략으로 문득 그는 '딱 팔굽혀펴기를 1번만 하면 어떨까'라는 생각에 이르렀다. 아주 '사소하고 간단하고, 우스꽝스러운' 생각을 실천했다. 이때 그는 '블로그'라는 많은 사람이 찾아볼 수 있는 매개체가 있었다는 것에 주목하자. 혼자 하지 않았다. 다른 사람들이 보고 있음을 인식한 상태에서 했다. 그러니 '1번만'이란 습관은 지속할 수 있었다.

생수병 500cc 한 병과 팔굽혀펴기 1번이 어떻게 몸의 변화가 가능한지를 묻는 사람들에게 답할 수 있다. 그는 몸이 바뀌었다. 우리가 바라는 몸을 그는 실제로 얻었다. 자기 전에 하는 행동은 무의식에 깊게 입력이 되었고,

잠재의식은 그가 운동하는 사람이라고 뇌가 착각해 운동하면 나올 몸을 미리 선물을 준 것이다. 여러분도 의심스러우면 따라 해보자. 필자도 자기 전에 반드시 요가 동작인 비둘기 자세를 취하고 자기 전 의식, 명상, 확언, 시각화, 일기 쓰기를 한다. 성공 일기에 반드시 운동해서 오늘도 감사하고 뿌듯하다는 내용을 꼭 첨가한다.

거창한 목표 아래서 항상 좌절하고 실패한 경험이 있다면 계속해서 잠재의식이 학습된 무기력으로 '이번에도 운동하면 실패할 거야'라는 입력이 들어간다. 하지만 생수병 500CC 한번 들어다 내리기나 팔굽혀펴기 한 개는 실패가 불가능하다. 몸이 불편한 사람이 아닌 이상, 이 간단한 동작은 누구나 할 수 있다. 스쿼트도 100개 해야 한다는 말을 영구 삭제 버튼을 누르고 일단 '양치질할 때 앉았다 일어나기 한 개'만 한다. 만약 저녁에 들어와서 운동해야 한다고 생각하여 밖으로 나가서 걸을 때 생수통 하나를 들고 나가서 손에 들고 흔들면서 경쾌하게 걸어보자. 생수의 물을 다 마실 때 뿌듯한 마음으로 들어온다고 하면 수분 섭취까지 되어 피부 미용에도 좋다.

운동을 거창하게 생각하면 어딜 가야 하고, 헬스장에 등록해야 하고, 1년 치 회원권을 돈을 많이 내고 등록해야 한다. 그렇게 해서 안 가면 자책하고 돈이 아깝다고 생각하지 말자. 일단은 운동을 습관화시켜 재미있어지면 그때 가도 좋다. "네 시작은 미약하였으나 끝은 창대하리라"라는 말처럼, 일단 시작은 미약하게 해야 한다. 미약하다는 말은 안 하는 것이 아니라 반드시 좋아지기 위해서는 한 걸음을 내 딛고 아주 작고 사소하고, 심플하게, 실패할 수 없을 정도로 생수병 하나를 들어 올리자.

예전에 〈개그콘서트〉에서 헬스클럽 강사를 패러디한 허약한 사람들의 허약한 사람들을 위한 운동 코너는 인기가 있었다. 운동을 하는 데 너무나도 힘이 든 그 장면은 꼭 나와 같았다. 느리게 뭔가를 하나 들어 올리려고 해도 손가락 까닥하기 싫었던 산후우울증의 모습과 중복이 되면서 내면에 강력히 새겨지는 운동의 중요성을 인식하였다. 운동을 길게 하긴 하는데 허약한 체력에 아령을 하나를 들어 올리는데 시간이 몇 십 분이 걸리는 그 패러디는 요즘 편리한 생활 덕분에 운동하지 않는 현대인들의 간절한 염원을 볼 수 있었다. 개그맨의 힘든 연기를 보면서 재미 정도로 가볍게 넘어갈 수 없었다. 지금의 운동 안 하는 상황이 나중에 미칠 영향력을 크게 생각하는 계기가 되었다.

운동을 거창하게 생각할 필요가 없다. 지금의 체력은 주말에 20km 정도의 하프 마라톤은 매주 달릴 수 있지만, 평일에는 시간이 안 나면 스쿼트 10개와 팔벌려뛰기 10개 정도를 운동의 루틴으로 삼고 있고, 매일 그렇게 하는 지금은 아주 건강하다. 체력이 아주 좋아져서 몸에 붙은 근육은 건강하게 하루를 살게 해준다. 시작은 생수병 500CC 하나를 들어 올리는 것에서 발전했다. 스티븐 기즈가 자기 전 팔굽혀펴기를 하나 한 것은 지금의 건강한 체력을 위한 시작이었던 것이다. 여러분도 반드시 건강하게 근육질로 바뀔 수 있다. 먼저 생수병 500cc를 한 번 들었다 내리자.

운동화 지금 당장 신으세요!

# 게으름, 나태, 권태, 짜증, 우울, 분노가 바로 열정

"대분의 사람들은 '자포자기'한 삶을 살아간다."

정말 그럴까? 이 말은 우리가 익히 잘 알고 있는 헨리 데이비드 소로가 《월든》에서 도시 문명사회를 비판하기 위해서 쓴 것이다. 믿고 싶지 않아도 때로는 게으름과 나태와 매너리즘에 빠져서 한 번쯤은 자신을 합리화하는 경향이 있다. 인간은 원래 게으름을 가지고 태어났다. 누구나 힘든 일을 경험하고 정신적으로 괴로우면 아무것도 하지 않고 멍하니 하늘만 본다. 쉼이 필요하다. 특히 도시의 빠른 속도에서 타인과 비교하고 경쟁하여 정신적으로 괴로운 사람들 사이에서 살아남기 위해서 애를 많이 쓴다. 정신적인 에너지가 고갈되어, 어떨 땐 꼼짝을 못 할 때가 있다. 그럴 땐 잠깐 휴식 시간을 가지고 바로 삶의 방향을 잡는다.

복잡한 환경에서 쉬고, 게을러지고 싶은데 운동 시간을 만든다는 것은 큰 도전이다. 그러나 건강을 위해서는 운동은 선택이 아닌 필수이기 때문에 약간의 노력만 기울인다. 습관을 만들기 위해서는 아주 작게 질문한다. "이 상황이 나에게 주는 의미는 무엇이지?", "이 상황이 나에게 주는 긍정적인 목적이 무엇일까?" 이렇게 질문을 해보면 게으름도 운동할 수밖에 없도록 도움을 주는 좋은 친구가 될 수 있다. 게으름, 나태, 분노, 우울, 짜증도 우리의 자연스러운 감정으로 삶을 살아가는데 한 부분이다. 이 감정을 받아들이고 '고통이 없는 100퍼센트 완벽한 것은 이 세상에 존재하지 않는다.'라고 생각하고 점진적으로 변화한다.

작은 성공이 쌓이면 큰 성공이 된다. 예를 들어 게으름이 싫어서 1초간 그냥 손을 까닥하는 걸 습관으로 한다고 치자. 뇌는 그것을 운동이라고 인식한다. '운동'이라는 단어를 뇌에 자주 말로 인식하면 뇌는 현실과 상상을 구분

운동화 지금 당장 신으세요!

하지 못하므로 운동을 한 것으로 친다. 즉, 운동에 성공했다고 인식한다. 그러므로 게으름을 성공을 위한 발판으로 삼는다. 조금씩 점진적으로 차츰 늘리는 것이 좋다. 운동의 강도도 그렇고 횟수, 시간 등은 절대적인 것이 없다. 직장 생활을 하는 여성은 회식도 있고, 저녁 약속도 있으니, 아침에 일어나서 1초 동안 점프 한번 한 것을 운동 성공이라고 설정한다. 자신의 환경과 성격에 맞게 한다.

《하버드대 행복학 강의 해피어》 저자 샤하르 교수는 두려움이나 게으름, 짜증, 분노, 권태를 삶의 과정으로 생각하고 자연스럽게 받아들이라고 한다. 우리가 원래 태어날 때부터 가지고 있는 두려움, 슬픔, 불안 등의 감정을 자연스럽게 받아들이면 극복하기가 쉽다. 즉, 만약 게으른 자신을 책망하고 비난하며, 꾸짖고 있으면 부정적인 감정에서 빠져나가기 힘들고 시간이 오래 걸린다. 만약 상황을 바꾸고 싶다면 인간의 기본적인 감정들을 부정하면 삶이 좌절되고 불행해지니 일단 모든 감정을 받아들이자.

하지만 그 마음이 오래 안 간다. 게으름이 있으니 부지런함이 있고, 나태가 있으니 행동할 땐, 성격이 불같이 빠른 부분도 있다. 짜증이 있으니 편안함이 있고, 우울이 있으니, 활기가 있고, 분노가 있으니, 사랑을 느낄 수 있다. 우리 모두 감정의 변화를 겪으면서 잘 살아간다. 상대적인 감정을 경험하지 않으면 감사함을 모르게 된다. 인간의 가장 기본적인 행복 감정은 감사함이다. 감사함을 느끼기 위해서는 반대급부가 항상 존재해야 한다. 게으름 때문에 자신을 비난하고 포기하지 말자. 누구나 그렇게 살아가고 있다. 대신 자신에게 이렇게 물어본다.

'어떻게 하면 이 상황에서 벗어날 수 있을까?'

'어떻게 하면 지금의 몸보다 더 건강하고 행복하게 살 수 있을까?'

'어떻게 하면 지금의 상황을 이용하여 더 도약할 수 있을까?'

질문을 할 필요가 있다. 만약 지금보다 조금 더 건강해질 수 있다면 어떤 노력을 조금 더 해주면 좋을지 자신에게 질문을 해보자. 운동을 하면서 느끼는 행복은 살면서 큰 활력이 된다. 미래에 건강한 삶을 책임져 주는 운동을 지금 습관으로 만들어 두지 않으면 고치는 게 쉽지 않다.

운동화 지금 당장 신으세요!

무엇이든 작은 변화가 내면에서 생길 때 작게 시작하여 크게 습관을 지속하는 게 가장 좋다. 직장이나 가정에서 의미 있는 운동을 생활 속에서 하려고 노력한다. 산에 올라가는 것이 허락이 안 되면 계단을 몇 개 올라갔다 내려와도 좋다. 하체의 근육을 키우기 위해서는 의자에 올라갔다 내려오는 운동을 딱 한 개만 해도 좋다.

단순하게 살아야 한다. 너무 많은 일을 하고 운동도 여러 개를 하려고 한다면 쉽게 포기한다. 하지만 실패할 수 없는 아주 단순한 운동 하나를 한다고 뇌에 새기면 반드시 잠재의식은 건강을 선물한다. 몸과 마음은 원래 하나다. 몸이 가면 마음이 움직인다. 뭘 해도 의욕이 안 생기면 먼저 몸을 움직이자. 마음이 따라가서 상쾌해질 것이다. 몸으로 하는 것과 하지 않는 것은 마음에 큰 영향을 준다.

일단 몸을 적게 움직이기 시작해서 마음이 변화해야만 뭔가를 시작하고 도전할 수 있는 의욕이 생긴다. 충분히 자고, 여기에서 말하는 충분한 수면은 너무 과하지도 너무 적지도 않은 적당량의 수면시간이다. 수면시간은 다른 사람의 말을 들을 필요도 없이 자신이 가장 행복하게 잤다고 하는 시간을 규칙적으로 정하면 된다. 게으름과 나태는 많이 자거나 의미 없는 행동을 자주 반복할 때 발생한다. 그럴 때는 지금의 상황에서 빠져나오기 위해서 주변에 도움을 요청하자.

서서히 습관을 들이면서 운동이 완전히 하루의 일과로 장착이 되면, 게으른 덕분이라고 감사할 날이 온다. 분노와 좌절이 오히려 감사하다고 말할 수 있는 시기가 있다. 그때는 자신을 많이 성찰한 사람으로서 건강을 위해 크게 성장한 과정을 사람들에게 가르칠 수도 있다. 건강한 자아가 만들어졌다고 말하는 날이 오면 이렇게 자신의 관점을 변화시켜 준 사람에게 감사함을 표시하자. 기회가 있을 때마다 감사하는 습관을 들이면 지금의 감정 상태는 성장하기 위해 반드시 경험해야 하는 열정이란 걸 알 수 있다. 주변에 운동할 수 있게 만들어 주는 자연이 있고, 책을 읽을 수 있고, 매일 마주치는 사람들의 미소를 보면서 인생에는 좋은 것이 많다는 사실을 알아차릴 수 있을 것이다.

운동을 이야기하면서 왜 감사함의 감정을 말하냐면, 우리가 어떤 일을 하기 위해서는 그 일을 하기 위한 원동

운동화 지금 당장 신으세요!

력이 내면 깊은 곳의 열정이다. 이 열정은 모든 게 다 좋고, 언제든지 좋은 날에만 오는 것이 아니다. 때로는 좌절하고 울기도 하고 넘어지기도 하면서 서로 도와주면 같이 가는 인생이 우리네 삶이다. 그러므로 지금의 감정 상태는 나만 그런 것이 아니라 다들 겪는 과정이니 너무 낙심하지 말고 그 감정을 원동력으로 삼아 운동으로 도약할 수 있기를 바란다. 게으름, 나태, 분노, 짜증은 열정이 있다는 뜻이다.

우리는 수를 셀 때 두 개부터 세지 않는다. 한 개부터 센다. 1이라는 숫자는 시작을 의미한다. 우리는 한 해의 시작은 1월 1일부터로 친다. 이때는 과거의 묵은 때를 다 제거하고 새로 시작한다. 하루의 시작은 아침이다. 아침에 일어날 때 아주 작은 운동 습관 기지개 한 번만 해도 운동을 다 한 거나 마찬가지다. 동물들은 따로 운동하지 않아도 기지개를 펴면서 요가 동작은 다 해낸다. 그들의 몸은 아주 유연해 보인다. 동물들은 매일 자고 일어날 때 한 번 기지개를 펴는 게 다다. 오늘부터 일어날 때 기지개를 한 번 크게 해서 근육의 이완과 수축을 매일 해준다. 여기서 중요한 것

은 일정하게 하는 것이다.

하다 말다 멈춤이 있으면 뇌는 습관으로 인식 안 해서 효과를 떨어뜨린다. 기지개 한 번 펴는 습관은 자기 전에 입력해 두면 아침에 반드시 하게 된다. 이런 간단한 것도 안 하고 출근 시간에 쫓겨서 일하러 간다면 우리의 몸은 적응을 안 한 상태에서 피로감이 누적될 것이다. 아침에 일어나자마자 물을 한 잔 마시고 여유를 가진 상태에서 하루를 시작한다. 하루가 1일이 되고 또 하루의 1일 되고, 이것이 쌓이면 평생이 된다. 아침에 간략하게 먹는 고구마 한 개, 방울토마토 한 개, 계란 한 개는 보약이다. 많이 먹을 필요는 없다. 한 개만 먹는다. 바쁜 현대인들은 아침밥 먹을 시간이 없다. 그러니 한 개만 먹자. 간단하게 한 개만 들고 먹을 수 있는 것은 거창하지 않아도 된다. 거르는 것보다는 한 개만 먹는다.

영양사들은 아침 식사가 중요하다고 말한다. 운동을 안 하는 이유는 아침을 안 먹기 때문일 수도 있다. 몸의 에너지원이 들어가지 않은 상태에서 스트레스 많은 일을 하면 우리 몸은 지친다. 피로감이 잘 생기는 것도 그 때문이다. 식사량을 많이 정하지 말고, 한 개라도 먹는 습관을 들인다. 이 습관은 저녁에 과식을 안 하게 만들어 건강하게 잠들게 만든다. 자기 전에 위를 가볍게 하는 것이 숙면에 좋다. 마흔 이후의 삶은 점점 더 소화기관들을 돌볼 때다. 꽉 찬 위를 소화시킨 후 편안하고 가볍게 잠에 들자. 아침에 일어날 때 개운할 것이다. 우리 몸은 밤에 성장과 회복을 위해 많은 에너지를 사용한다. "균형 잡힌 아침 식사는 야간에 사용된 단백질, 칼슘, 에너지원을 향상하는 데 도움이 되죠."라고 영양 전문가들은 말한다.

아침 식사는 우리가 운동하는 데 필수적인 영양이다. 운동을 한 번이라도 하게 되면 배가 고프다. 그때 계란 한 개, 방울토마토 한 개, 고구마 한 개 정도면 충분히 단백질, 칼슘, 탄수화물이 들어가 건강한 몸을 만들어 준다. 운동과 더불어 먹는 것은 사람이 살아가는 데 있어 필수 요소다. 기왕이면 거르고 가는 것보다 조금이라도 먹는 것이 좋다. 기지개 운동 한 번 하는 것도 운동이기 때문에 반드시 아침은 뭔가를 한 개라도 먹는다. 아침은 우리의 신진대사를 촉진하는 핵심적인 역할을 한다. 우리 몸에 조직이 음식을 잘 소화하기 위해서는 인슐린을 촉진 시켜줄 탄수화물과

운동화 지금 당장 신으세요!

같은 에너지원이 필요하다. 아침에 뭔가를 꼭 먹어야 하는 이유다. 아침에 운동을 한 번이라도 하게 되면 배가 고플 때 그때 간단하게 먹는다.

한 연구 결과에 따르면, 아침 식사를 건너뛰는 것이 생체 리듬을 망가뜨리고, 급격한 혈당 수치 상승을 유발한다고 한다. 아침 식사가 생체 리듬에 중요한 역할을 한다는 것에는 큰 이견이 없다. 간혹가다가 일본에서 단식과 소식이 좋다고 하는 의사들이 쓴 책에서 아침을 거르라고 하는데 특수한 상황일 경우다. 운동을 하게 되면 밥맛이 좋고 몸에서 탄수화물이나 수분, 단백질 등을 먹어 달라고 하는 몸의 소리를 들어야 한다.

피터슨 교수는 아침 식사를 거르고 정상적인 시간에 저녁을 먹는 이들과 아침 식사를 거르고 늦게 야식을 먹는 사람들의 생리가 다르다고 말한다. 전자는 간헐적 금식의 장점들을 흡수하는 반면, 후자는 비만, 당뇨병, 심혈관 질환 등 위험이 높아진다는 것이다. 야식을 먹고 자면 가뜩이나 운동을 안 하는 몸에게 더 운동을 안 하고 움직이지 못하도록 배가 불러 쉬게만 만든다. 이때 일어나 팔 벌려 뛰기 하나라도 하는 것이 소화에 좋다. 더 나아가 산책을 잠시 하는 것은 저녁시간에 자신을 위한 시간을 떼어놓아 기분도 좋고 스트레스도 없앨 수 있다. 우리 몸은 오케스트라의 교향곡과 같다. 잘 조화를 이루어 건강하게 운동을 해주고, 잘 자주고, 잘 먹어주면 몸은 보답해 준다.

우리 몸은 일정한 시간에 자고 일정한 시간에 일어나고 건강하게 운동하는 습관을 지녀주길 바란다. 만약 일정한 시간에 잠들 수 없는 사람이라면, 그런 직업을 계속 가졌을 때 자신 몸이 어떻게 될 지를 생각해보자. 아이들도 늦잠을 잘 때 아침에 일어날 때의 기분이 어떤지 보면 건강을 위해서는 움직여 주고 일찍 자고 일찍 일어나 기지개를 한 번 쭉 펴고, 물 한 잔 마시고, 이불을 정리하고, 하루를 어떻게 시작해야 할지 명상을 1분 정도 해준다면 이런 인생은 절대 실패가 없을 것이다.

이런 사소한 습관을 지닌 사람에게는 부와 재물과 건강이 함께 따라온다. 해가 뜨기 전에 일어나고 해를 맞이하고 운동을 한 번 해주고 건강하게 아침을 한 개라도 뭘 먹으면 가족이나 동료들에게 신뢰가 쌓여서 무슨 일을 하

운동화 지금 당장 신으세요!

든지 잘 된다. 만약 어떤 일이 잘 안되거나 뭔가 삶에서 막혀 있다면 자신의 운동 습관, 식습관, 수면 습관을 잘 살펴보자. 반드시 자연의 법칙에서 벗어나 있을 것이다. 이렇게 되면 건강을 잃을 뿐 아니라 하는 일이 잘 안되어 곤란한 일이 발생할 수 있다.

가장 중요한 것은 첫 번째로 운동하는 습관을 거창하게 목표를 세우지 말고, 한 번 앉았다 일어나는 것으로 시작하자. 습관은 더 많이 한다고 좋은 것이 아니다. 꾸준함을 따라갈 자가 없다. 거북이와 토끼의 경주 이야기처럼 교만하고 빠른 토끼의 자만이 인생의 골인 지점에서 승리를 거머쥐지 못한 것처럼, 잘 못해도 묵묵히 매일 조금씩 나아지는 거북이가 결국 인생의 골인 지점에서 승리한다. 인생은 긴 마라톤 레이스다. 가도 가도 끝이 안 보인다. 그러나 매일 달리는 것을 계속하다 보면 결승점, finish line이 나와서 그래도 매일 달리기를 잘했다는 날이 올 것이다.

그때까지 참고 견디면서 힘들게 가는 운동이 아니라 거북이처럼 느리게 조금씩 매일 하는 것을 목표로 삼자. 운동이 습관이 되지 않은 사람들은 반드시 다른 영역에서도 습관이 바뀔 것이다. 당장 아침에 일어나서 토마토 한 개, 삶은 계란 한 개, 고구마 한 개라도 먹게 될 것이다. 필자의 지인 중에는 매일 계란 프라이를 하나씩 먹어 근육이 아주 많이 생긴 사람도 있다. 계란 프라이 한 개가 여러분의 건강을 책임질 줄을 누가 알겠는가. 오드리 햅번도 평생 아침을 계란 2개와 7 곡물 토스트 1조각과 블랙커피로 몸매를 유지했다.

3장
도전

# 5킬로미터 마라톤
# 도전해볼까

탁탁

두 발을 내밀어

세상을 내밀고

내 심장을 일깨우고


타닥

뜨거운 아스팔트 위 거친 호흡 위로

이뭣꼬 45년 파르란 인생길

한 장의 백지가 되어 깔리고

오롯이 세워지는 내 영혼

운동화 지금 당장 신으세요!

이뭣꼬

강물을 생각하고

구름을 생각하고

발끝에 쏟아지는 유보 없는 태양처럼

멈추지 말아야 한다 내달리는 오늘


나는 살아 있다.

- 김영주 시집
〈당신을 보다 나를 봅니다 – 문학공간 시선 345〉


'내가 과연 마라톤할 수 있을까'


매일 달리기를 한 것도 아니지만 버킷리스트에 항상 마라톤 풀코스 42.195km는 꼭 완주해야지 하는 생각이 잠재의식에 있었다. 이 세상과 작별을 99세에 할 것이다. 그럼 나는 죽기 전에 풀코스 완주라는 목표를 언제 이룰 수 있을까. 생각했다. 헬스클럽에 가서 달리는 게 싫어서 러닝머신에 올라갔다 내려오는 것을 반복했던 나였다. 친구의 시를 읽으면서 그녀도 극복했는데 나도 할 수 있을 것이다.

함께 도전하면 될 수 있을 것 같아서 목표를 정했다. 매일 하루에 5분씩 달리기로 시작했다. 1분 정도만 달리자고 시작하니 체력이 좋아져서 금방 지루해져 5분으로 올렸다. 그런데 신기하게 달리기가 좋아졌다.

마흔 중반이 지나면서, '꼭 인생의 반을 지나서 남은 시간을 어떻게 보낼까?'라는 질문을 자주 했다. 건강하게 보내려면 아무래도 손쉽게 어디에서나 할 수 있는 달리기가 완전 매력적이었다. 어디에서나 운동화만 신어도 달릴 수 있으니, 이것보다 더 좋은 운동이 없을 것이라고 생각했다. 수영도 해보고 여러 가지 운동을 해봤지만, 어딜 가야 하고 준비해야 했다. 테니스 같은 곳은 경기장이 어디엔가 붙어 있어야 하고, 제약이 많았다. 달리기가 간편하고 평생 할 수 있을 것 같다는 직감이 들어왔다. 다른 운동보다 매력이 있었다. 친구가 시인이다. 마라톤 시에서 볼 수 있듯이 마흔다섯 살의 중년인 그녀는 달리기 하나로 기적을 이루는 삶으로 바뀌었다. 지금은 50대를 향하고 있지만 몸매는 20대 초반이고 근육은 거의 남성보다 많고, 얼굴은 소녀가 되었으며 무엇보다 몸 전체에서 나오는 아우리가 예뻐졌다.

운동화 지금 당장 신으세요!

춤도 잘 추고 댄스 대회에 나가서 프로와 왈츠를 출 꿈을 현실화하고 있다. 열정이 가득해 교사이면서도 아주 열심히 달리기도 하고 남는 시간에는 춤 연습을 한다. 그러나 이 친구에게도 아픔과 고통이 있었다. 원인 모를 병으로 갑자기 걷지를 못하게 되었다. 아파서 6개월간 일어나지 못해 학교에다 병가를 내고 입원 생활을 했다. 정말 원인을 몰랐다. 병원에서는 원인 모를 병을 치료하기 위해서 입원만 권고했고, 그녀는 아무것도 할 수 없는 상황에서 무기력하게 지냈다. 그러던 친구는 어떻게 건강을 되찾았을까.

도저히 삶이 너무 괴로워서 마흔 이후의 삶은 이렇게 살아서는 안 되겠다고 결심했다. 이러다가 나머지 인생을 다 망칠 것 같은 생각에 도전을 시작한 것이다. 일단은 아침에 일찍 일어나서 글을 썼다. '한국 미라클모닝' 카페에도 가입해서 새벽 일찍 모여 토론하는 독서 모임에도 참가했다. '남의 인생이 아니라 일단 내 인생을 찾을 거야'라고 생각을 했다. 이제 50대가 되는데 이렇게 공장의 부품을 똑같이 돌리는 삶을 살아서는 안 되겠다는 자각이 들어왔다. 다행이다. 나머지 인생을 삶의 주인으로 살 수 있으니까.

에머슨은 그의 저서 《자기 신뢰》를 통해 내면의 목소리에 관해 이야기했다.

"우리는 가끔 홀로 있을 때 고요히 어떤 내면의 소리가 들린다. 세상으로 들어가면 안 들렸을 그런 이야기를 하는 '내가' 있다. 사회는 구성원 한 사람 한 사람 자신이 가진 인간다움을 빼앗으려는 음모를 꾸민다. 사회는 일종의 주식회사다. 그 속에서 주주들은 자신들이 먹을 빵을 확실히 보장하는 대신, 그 대가로 자유를 넘겨주기로 합의한다."

개인이 개인답게 살 자유와 선택권을 빼앗긴 노예 같은 삶에서 주인으로 살기 위해서는 두 발로 뛰어 보는 마라톤을 도전하자고 결심했다. 이때 친구가 들은 고통스러운 내면의 목소리가 미래의 방향을 결정지었다. '더 이상 남들이 하지 말라는 것을 하지 않지 말자. 내면의 목소리를 무시하지 말자' 이렇게 다짐했다. 더 이상 1분과 2분만으로는 내 인생과 시간이 아까웠다. 내면의 진짜 울림과 목소리를 무시하면 행복할 수 없다. 진정으로 바라는 꿈이 달리기이면 달리기해야 한다. 마라톤 풀코스가 꿈이면 반

운동화 지금 당장 신으세요!

드시 정해진 시간 내에 목표를 달성해주는 것이 영혼이 행복한 방법이다.

친구도 나와 같은 생각이 불쑥 들어왔다고 한다. 원래 좀 활달한 성격이긴 했으니 달리기를해 본 적이 없었다. 그러던 중 아침 일찍 일어나는 카페에서 회원들이 새벽마다 산에를 올라가고 달리기하는 모습을 보면서 참 의아했다고 한다. 왜 저들은 저렇게 새벽마다 기분이 좋아서 날뛰고 있지. 본격적으로 눈으로만 보던 카페 활동이 지금은 부매니저가 되어 사람들을 이끌고 있다. 나는 우연히 새벽에 일어나는 모임을 이끌면서 세바시의 부시 파일럿 오현호 작가의 강연을 듣게 되었다.

"여러분 중에서 혹시 마라톤 완주가 목표인 분계신가요?"

"저요. 저요." (눈치를 보면서)

"20명이 손을 드셨군요."

"제가 단호히 말씀을 드리는데 여기에 계신 20분은 다른 나머지 분들과 다른 삶을 사시게 될 것입니다."

"왜요?"

"마라톤 풀코스를 42.195km를 가기 위해서는 오늘부터 삶을 다르게 사실 것이고, 달리기 훈련을 매일 하시게 되실 거니까요."

"……."

마라톤 풀코스를 가기 위해서는 먼저 달리기를 해야 한다. 훈련을 하지 않고 먼 길을 간다는 것은 무모한 일이다. 일단 시작은 1초와 1분, 5분, 10분, 30분이니 이걸 매일 해야겠다는 생각이 들었다. 친구와 함께 매일 달리는 나이키 런 클럽 앱을 깔고 달린 거리와 수치 속도 양을 쟀다. 무라카미 하루끼가 한 것처럼 달리면서 자유를 느끼기 시작한 것이다. 정말 1년은 매일 연습했다. 딱 1분이 10분 연습으로 바뀌었고, 30분씩 매일 달릴 수 있는 강한 체력으로 바뀌었다. 체질도 바뀌었다. 오산 종주도 20시간을 해서 풀코스를 무사히 완주했다. 시작은 5킬로 마라톤을 달렸고, 풀코스를 해냈다. 그것을 해내니 목표가 더 커지면서 지금은 완전히 체력이 써도 고갈되지 않는 철인이 되었다. 철인 3종 경기는 너무나 쉬운 도전이 되었다. 시작을 아주 작게 하여 먼저 5킬로 마라톤에 도전하자. 삶의 작은 변화들이 일기 시작할 것이다. 일단 체력이 강해진다.

# 1년간 달린 거리
# 2,400킬로미터

'운(運)'

'운동(運動)'

'운수(運數)'

'복운(福運)'

'행운(幸運)'

'행복(幸福)'

"어떨 때 가장 행복합니까?"라는 질문을 누가 던진다고 하자. 그러면 이렇게 대답할 것이다. "행복은 움직이는 것입니다". 명사가 아니라 동사다. 운도 운동, 즉 움직임에서 나

운동화 지금 당장 신으세요!

온다. 지금 나는 자신 있게 행복할 때가 운동할 때라고 말한다. 지금 나에게 최적화된 운동은 장소와 공간의 제약이 없는 '달리기'와 '걷기'라고 말할 수 있다. 손가락 까닥하기 싫어서 움직이지 못했던 우울증이 있었던 시절이 있었나 싶어질 정도. 어떻게 매일 30분씩 달리고 풀코스 마라톤을 1년에 5번씩 2년 동안 10번을 뛰었을까? 아주 작은 습관의 힘 덕분이라고 생각한다. 의식이 있는 사람들과의 모임을 통해 한 해를 정리할 때 항상 묻는 말이 있다.

"올 해 자신이 수확한 일 중 가장 보람되고 충족되었던 일은?"

많은 사람이 자신의 한계를 뛰어넘고 도전한 일을 꼽았다. "500미터도 달리지 못했는데 지금은 하프 마라톤을 달릴 수 있어서 좋아요.", "풀코스 마라톤을 완주한 춘천의 아름나운 성치에서 꿈을 꿀 수 있어서 좋았어요.", "아침형 인간, 절대로 될 수 없다고 생각했는데 지금은 새벽 5시에 일어나서 독서를 할 수 있는 게 뿌듯합니다." 이런 답들은 예상외의 대답이다. 돈을 더 많이 벌고, 일을 더 많이 해서 실적을 낸 것을 예상했다. 하지만 자신과의 시간을 더 많이 가진 것을 기억에 남는 추억으로 말했다. 자신과의 도전에서 이겨낸 사람들의 특징은 운이 아주 크게 상승했다는 것이다. 그래서 행복하다.

그들의 시작은 크지 않았다. 아주 작은 운동 하나가 불러온 변화다. 운을 바꾸게 된 큰 원인은 헬스클럽 문고리를 잡고 난 다음 그냥 놓고 운동하기 싫어 집에 온 것 덕분이다. 500미터 달리기도 못 했던 중년 여성이 꾸준히 매일 5분이라도 달려 21km의 거리를 달리게 되었다. 달리기 전에는 50대에 각종 성인병이 왔다. 만성 고혈압에 약을 먹었던 분이 약을 끊었다. 달리기로 건강을 회복한 분의 사례가 너무 많다. 심지어 암도 비껴간다. 체력이 있어야 꿈도 꾸고 이루기 위해 적극적으로 도전한다. 50대 중년의 여성에서 멋진 20대 초반의 아름답고 내면이 강한 젊음을 누리는 분도 많다. 필자가 운영하는 네이버 카페 '한국 미라클모닝'에는 그런 사연이 매일 올라온다. 피부도 달라지고 내면의 힘이 강해져 사업을 확장하고 있고 꿈을 꾸는 중년 여성의 에너지는 운동 덕분이다. 만약 처음부터 목표를 크게 잡았다면 포기했을 것이다. 하루 5분부터 시작했다.

운동화 지금 당장 신으세요!

우리나라에도 시니어 모델이 많지만, 외국에서도 은퇴 후 우울증을 극복하기 위해서 운동을 많이 한다. 사회에서 관심이 떨어져서 운이 줄어들 수 있는 중년 이후의 나이에 도전하는 사람들이 많아서 뿌듯하다. 호주의 제니스 로레인 씨도 운동을 통해 우울증을 극복해 제2의 인생을 살고 있다. 운이 크게 좋아진 것이다. 운동을 했더니 운이 좋아졌다고 한다. 학교에서 상담교사로 일한 후 55세에 은퇴했지만 대화할 사람도 없고 소속감도 없어서 크게 우울했던 제니스 씨는 무기력감과 우울증에 시달렸다. 일 대신 새로 집중할 것이 필요했다. 일주일에 세 번 새벽 5시에 헬스장을 찾아 7일 동안 30km 이상을 걷고, 60개의 푸시업과 기구들을 이용해 근육 운동을 했다. 하루에 4km를 가볍게 걸은 것이다. 유산소와 무산소를 같이 하니 20대 때보다 더 건강한 몸을 자랑한다. 20년 동안 꾸준히 노력하여 근육질의 건강한 몸을 유지하고 있다. 운동은 노화도 늦춘다. 건강하게 나이 들기 위해선 운동이 필수다.

우리는 태어나는 순간부터 죽는 마지막 날까지 움직인다. 운동은 운을 크게 돌리는 방법이다. 아이들이 뛰어다니는 이유가 생명력이 강하기 때문이다. 나이가 들수록 그 생명이 점점 줄어든다고 생각하는가. 전혀 아니다. 왜 냐하면 80대 할머니도 마라톤을 완주하고 80세의 임종 소 할머니도 근육이 많기 때문이다. 경기도 과천에서 열린 WBC 피트니스 오픈 월드 챔피언십 2위를 한 임종소 선 수는 '자신의 나이를 잊고 산다'라고 SBS 뉴스 인터뷰에 서 말했다. 38세 이상 피규어 부분에서 출전해서 젊은 여 성들과 대회를 치른 할머니는 원래 다리 한쪽이 움직일 수 없을 정도로 아팠다. 운동으로 재활에 성공했고 운을 크게 바꾸었다. 기분이 좋고, 뭐든지 할 수 있다는 자신감이 생 겼다고 한다. 기분이 좋으니, 피부가 좋아지고 운동을 하니 '좌우지간' 자신감이 넘친다고 한다. 운동을 하면 기분 좋 고 활력이 넘친다.

임 할머니는 활력과 젊음의 비결에 관해 묻는 아나운 서의 질문에 "근육을 키우면 10년은 더 젊고 건강하게 살 수 있다"라고 말했다. 며느리도 시어머니의 도전에 열렬 히 응원하면서 당장 헬스 회원권을 끊어서 운동을 시작했 다고 한다. 나이가 들어서 근육이 줄어들고 노화가 된다는 사실은 진리는 아닌 듯하다. 예외가 있으면 진리라고 할 수 없다. 몸은 쓰지 않으면 퇴화한다. 그러나 몸은 운동하

운동화 지금 당장 신으세요!

는 사람들에게는 '탄탄한 건강'이라는 선물을 준다. 자신을 물이라고 생각해 보자. 실제로 우리 몸은 물이 70퍼센트 이상이니까 물이라고 해도 좋다. 만약 물이 흐르지 않고 가만히 있다면 고여 있게 된다. 장사도 순환이 잘되어야 운이 풀리는 것처럼 우리 몸도 움직여야 운이 풀린다. 몸에 고여 있는 물을 흐르게 하는 것이 운동이다.

대학 시험이나 사업 운, 배우자 운, 모든 일상생활에는 보이지 않는 운이 작용한다. 운동을 해보니 운이 크게 바뀌었다. 하는 일마다 잘 되는 쪽으로 바뀌었다. 예전에는 일이 잘 안되면 포기하고 멈췄다. 하지만 매일 달리면서 얻은 에너지로 체력이 좋아지니 어떤 일도 포기하지 않는다. 마라톤을 하면 일단 장거리를 달리기 위해서 평소에 운동하면서 체력을 키운다. 이때 '매일 조금이라도'라는 생각으로 가볍게 시작한다. 운동을 잠재의식에 새기면 강도가 높든 낮든 뇌는 '매일 운동이 습관화된 사람'으로 인식한다. 우리 뇌와 몸은 새로운 뉴런이라는 신경세포가 21일 정도면 시냅스 연결을 통해 익숙해진다. 이 익숙한 운동을 90일 동안만 길들여 주면 운동 습관이 강화된다. 100일은 습관 형성에 중요한 시간이다.

중년 여성이 될 때 진정으로 운이 바뀌고 싶다면 운동을 하고 적극 움직이자. 운은 말과 행동에서 나온다. 말도 근육이 얼굴에서 움직이고 성대에서 움직이고 모든 근육이 다 합쳐 나오는 것이다. 좋은 말을 하고 좋은 사람들을 만나서 새로운 일들을 도전하면 운이 상승한다. 그중에서 가장 중요한 것이 운동이다. 운을 바꾸기 위해서는 다른 사람들에게 관심을 보여주는 운동을 하자. 세상과 나의 관계가 전부 운동으로 이루어진다. 밖에 나가서 마주하는 사람들이 전부 운을 주는 사람들이라 그들에게 먼저 다가가 인사하고 웃으면 운이 좋아진다.

어린아이들도 알 수 있는 단순 명료한 운동들, 유산소 걷기, 달리기, 뛰기, 점핑하기 이런 것을 자주 한다. 답답한 곳에서는 운동의 범위가 좁다. 그러므로 일단 좁은 의자라는 공간에서 일어서서 움직이고 앉자. 밝게 빛나기 위해서는 어두운 곳보다, 밝은 곳에서 운동하는 것이 좋다. 운동은 사람을 기분 좋게 한다. 스스로 자신을 세상에서 가장 행복한 사람이라고 생각하자. 뇌는 진짜 그렇게 생각하면 행복한 사람이라고 믿는다. 운동을 하면 운이 좋아진다는 사실을 꼭 기억하자. 좋은 운을 가진 사람이 운동하지 않

운동화 지금 당장 신으세요!

고 움직이지 않으면 몸이 퇴화한다는 사실을 꼭 기억한다. 끊임없이 새로운 기운을 운동으로 보강한다. 시작은 아주 쉽고, 간단하고, 여유롭게, 애씀 없이 해야 한다.

두려웠던 물을
이기는 방법

"살려주세요."

'이게 죽는 느낌이구나...'

물에 대한 기억은 나에게 공포였다. 1980년 4살 때 남원의 냇가에서 삼촌과 삼촌 친구들이 물놀이했다. 커트 머리에 선머슴처럼 생겼다고 삼촌 친구들이 나를 냇가에 빠뜨렸다. 죽을 뻔했다. 삼촌이 바로 건져 주었기에 지금까지 잘 살고 있다. 물이라는 곳은 죽을 공포를 상징하는 느낌에 수영을 할 수 있을 거라고는 상상하지 못했다. 가난한 살

운동화 지금 당장 신으세요!

림에 남동생을 낳던 엄마는 형편이 좋지 않았다. 외할머니께서 둘째인 나를 보내라는 사랑에 엄마는 울음을 참고 나를 외갓집에 2년간 홀로 보냈다. 외갓집에서 기억이 나는 곳은 자연 놀이터들이다. 자주 갔던 곳은 할머니 집 앞에 있었던 냇가였다. 한 번 빠져서 무서워할 만도 한데 신기하게 냇가에 가면 그리 기분이 좋았다. 2년 후에 다시 가족과 함께 살게 되었지만, 시골은 나의 그리운 공간이다.

대학교 때 유럽 배낭여행 가서 프랑스 니스 해변에서 바다에 들어갔다가 또 빠져 죽는 줄 알았다. 수영 못 하는 20대 초반의 대학생은 물과의 어떤 악연이 있었느냐는 생각이 들었지만 누군가가 항상 나를 구해줄 것이고 나는 안전하다는 생각이 들었다. 두 팔을 허우적거리고 있는데 프랑스 유학생이 꺼내줬다. 죽는다는 느낌이 있는데도 아주 평화로웠고 무섭지 않았다. 오히려 바다 아래에서 아주 평온한 하얀 빛의 존재가 느껴졌다. 이렇게 물에 대한 공포 경험이 있었지만, 물이 그리 싫지는 않았다. 수영은 꼭 배우고 싶었다. 대학생 때까지 자전거도 못 타고 수영도 못했다. 배울 기회도 없었지만, 굳이 배우려 하지 않았다. 언젠가는 물을 극복하고 두려움을 극복해서 수영은 꼭 해보고 싶었다.

자전거도 꼭 타보고 싶었다. 남들이 쉽게 하는 그런 운동을 어린 시절에 배울 수 없었고, 자전거가 없어서 못 탔다. 외할아버지 자전거는 어린아이가 타기에는 컸다. 그리고 아무도 가르쳐주는 사람도 없었다. 혼자라도 타고 싶었는데 자전거라는 물건이 없었다. 자전거를 처음 배운 것은 대학생 때 동아리 선배가 한 번 잡아줘서 타보고 운동에는 재주가 없다는 생각이 들었다. 이런 결핍이 나를 운동하게 했을까. 그런 내가 어떻게 남자들도 힘들다는 철인 3종 경기를 그냥 해냈을까?

부산에 살았기 때문에 해운대와 광안리 해수욕장에 도시락 싸들고 자주 갔다. 9살이 동네 언니들과 그 먼 곳을 걸어갔다. 그때의 경험이 도전을 무섭지 않게 하는 계기가 된 듯 하다. 또 하나의 물에 대한 공포의 기억이 있다. 가족과 함께 광안리 해수욕장에 갔는데 9살 인 내 자그마한 발이 땅에 닿지 않아 당황했다. 그때 검은색 튜브를 잡아주는 아빠의 안심시키는 그 말, "아빠가 잡고 있으니 안심해도 돼." 이 말은 무서운 남자라고 생각했던 아빠가 갑자기 자상한 신적인 존재로 바뀌었다. 아빠에 대한 기억이 좋게 바뀐 것이다. 항상 사랑이 가득하고 언제든지 나를 구해줄 것 같은 편안한 존재로 인식되었다. 아빠가 어린 시절 놀아준 기억이 별로 없다. 아니, 거의 없다. 돈을 벌기 위해 배를 타고 오래 나갔다가 가끔 집에 왔기 때문이다. 그러나 강렬한 아빠와의 물에 대한 기억은 물이 그렇게 두려운 것만은 아니라는 것이 잠재의식에 새겨졌다.

물에서 수영하겠다는 의지만으로는 수영이 되지 않는다. 직접 가서 수영해야 한다. 수영할 수 있는 훈련을 받지 않으면 물에 뜰 수 없다. 아빠에 대한 좋은 기억 덕분에 꼭 수영은 배우리라 다짐했다. 수영장을 다닐 수 있는 여건이 안 되어 직장 다닐 때 새벽 6시에 수영을 끊었다. 처음에 물에 뜨지도 못했지만 꾸준히 포기하지 않고 수영장에 다녔다. 지루하게 '음~파'만 시키는 과정을 반복하니 더 이상 진도가 나가지 않아 수영을 포기할까도 생각했다. 그러나 어린 시절의 기억과 물에 뜨고 싶은 간절한 소망이 합쳐져 물에 뜨는 것을 배우는 데만 6개월 이상이 걸렸다. 일단 물에 뜨기 시작하니 다른 영법을 배우는 것은 속도의 문제이지 수영하는 건 지장 없었다.

수영장에 가기 싫은 초급반의 비애는 어떻게 해소했을까. 직장에서 상사가 몸이 통통하지만 수영 잘한다는 소리에 자극받았다. 그 때문에 물에서 오래 견뎠다. 수영을 지속하게 된 계기가 되었다. 남들 다 하는데, '나'라고 못할 것이 없었다. 무슨 운동이든 처음에는 어렵다. '일단 수영장에 가서 몸을 씻고 온다'로 목표를 낮게 잡았다. 그래도 괜찮았다. 물을 맞이하고 온 것이니. 물과 친해지기 위해선 반복을 사용했다. 자꾸 물에 들어가서 물에 대한 불편함을 익숙함으로 바꿔야 했다. 수영장에 오래 있으면 있을수록 실력이 느는 듯했다.

하지만 오래 가지는 못했다. 잦은 이사와 생활환경의 변화로 20년 동안 수영을 하지 못했다. 하지만 몸은 수영을 기억했다. 20년 동안 마흔이 될 때까지 수영을 안 했다. 달리기하다 보니 새로운 도전 의식이 생겨 수영을 다시 해봤다. 그런데 신기하게도 수영이 잘 되었다. 직장에 다니면서 5시에 일어나서 수영한 보람이 있었다고 생각한다. 몸은 20년 동안 수영하는 행위를 안 했지만, 잠재의식은 한번 배운 것을 몸이 기억하게 한다. 배신하지 않는 몸 기억의 결과로 어느 정도 수영을 할 수 있게 되었다. 잘하지는

운동화 지금 당장 신으세요!

못하지만 그래도 수영장에서 나오라고 할 때까지 안 나올 정도로 호흡이 트여 수영을 편안하게 했다. 어떤 회원님이 호흡법을 가르쳐 줬다. 신기하게 그때부터 수영이 쉬워진 것이다. 수영은 호흡이라는 진리를 깨달은 순간이었다.

요즘은 시설들이 워낙 잘 되어 있어서 어디든지 가면 수영장을 찾을 수 있다. 먼저 시간과 노력을 들이면 반드시 물에 뜰 수 있다. 강한 의지가 있으면 무엇이든 된다. 꾸준히, 멈추지 않고 오래 해야 수영을 마스터할 수 있다. 시작은 거창하게 하지 말고, 일단은 매일 꾸준히 운동을 하나 정해서 계속 해야 한다. 귀찮고 힘들고 하기 싫어도 일단은 수영장의 문을 여는 것이 시작이다. 자신이 꿈꾸는 것이 운동과 관련한 체력이 있어야 하는 것이라면 더더욱 운동은 필요하다. 수영이든 자전거든 무조건 시작하고 볼 일이다. 일단 어떤 습관이든 운동 하나를 해놓으면 다른 많은 것들이 긍정적으로 변한다. 찰스 두히그는 《습관의 힘》에서 핵심 습관을 이야기하고 있다. 운동 하나로 많은 습관이 좋아질 수 있다. 만약 운동하고 규칙적으로 자고 일어나서 하루를 생활하면 많은 안 좋은 습관들이 끊어진다.

마흔 이후의 삶은 건강을 의식해야 한다. 물이 무섭다고 도전을 포기하지 말아야 한다. 마흔이란 '정신적 탈바꿈'이라고 세계적인 작가 무라카미 하루끼가 그랬던가. 인생의 큰 고비가 될 수 있는 마흔에 건강하게 보내기 위해선 아무리 어떤 과거의 기억이 있어도 조금씩 운동 습관을 늘려가면서 서서히 운동을 해보면 새로운 가능성을 발견할 수 있다. 아이들을 키우느라 고생한 자신에게 선물을 줄 수 있다. 새로운 도전의 마디를 세워 마라톤에 도전 할 수도 있고, 철인 3종 경기에 릴레이라는 종목도 있으니, 자전거를 잘 타게 되면 사이클 도전도 할 수 있다. 마라톤이 좋으면 팀을 이루어 릴레이할 수도 있다. '지금' 하지 않으면 안 될 것 같은 도전하고 싶은 운동은 무엇이 있을까? 지금 여러분의 가슴속에는 배우고 싶지만 귀찮아서 혹은 물에 대한 공포 때문에 못 했던 운동이 있는가. 몰라서 못 배웠지만 이제는 쉽게 할 수 있다.

류시화는 〈지금 알고 있는 걸 그때도 알았더라면〉 잠언 시집에서 "할 수 있는 한 최선을 다하라, 모든 수단과 방법으로 모든 장소에서 시간에 사람들에게 오래오래……"라고 말했다. 답은 어떤 운동을 하기로 마음먹었다면 오래 오래 모든 수단과 방법을 가리지 말고 지속한다. 어떤 장소에서라도 좋아하는 운동 하나쯤은 있으면 좋다. 한 가지를 꾸준히 오래 할 필요는 있다. 싫증 나는 운동은 다른 운동으로 바꾸어 지속하는 것이 좋다. 그렇게 운동할 때 마흔과 이후의 삶에서 스트레스가 그리 많지 않을 것이다. 그렇게 크다고 생각했던 물에 대한 공포가 지금은 전혀 없으니까. 오직 생각으로만 존재하는 수영의 공포는 직접 해봄으로써 극복될 수 있다. 지속적인 훈련이 답이다.

# 내 몸의 소리에
# 귀 기울여라

다음 질문지에 답을 해보자.

"나이 드는 게 두려운가?"

"나이가 들면 주름살 가득하고 피부가 쪼글쪼글해지는가?"

"요양병원 같은 곳에 삶을 마무리하는 상상을 해보는가?"

"노인이 되어 추한 모습이 되어 '사람들이 싫어하면 어떡하지'라고 생각하는가?"

"나이가 든다는 것이 '몸이 아프다는 것'을 의미한다

운동화 지금 당장 신으세요!

고 생각하는가?"

만약 이 질문에 대한 대답이 전부 '아니요'라고 쓴 분 손 한 번 번쩍 들어올리기 바란다. 지금 오른손을 들었는 가? 좋다. 만약 '그렇다'라는 대답이 많다면 몸이 하는 소 리에 귀 기울여 듣는 사람이다. 운동을 하면 나이 드는 사 람이 아니라 나이를 거꾸로 먹는다는 소리를 듣는다. 운동 을 조금이라도 하는 사람들은 미래보다 현재에 집중한다. 당연히 지금 자신을 돌보니 자존감과 자신감도 높아진다. 운동하면 삶이 주는 모든 스트레스를 날려 보내기 때문에 행복한 노년기를 기대할 수 있다. 만약 지금 몸의 불편한 증상이 생겼다면 운동을 하라는 신호로 받아들여야 한다. 마흔 이후에는 신체적 노화가 진행된다.

얼마 전 달리기를 한 후, 헬스장에서 스트레칭 후 씻 는데 어디서 구슬픈 음악이 들렸다. 달리고 나서 아주 상 쾌한 기분의 주파수와 슬픈 곡조는 상쾌한 아침의 분위기 와 달랐다. 운동을 하지 않고 샤워만 하는 마흔 중반의 그 여성도 아침을 기분 좋게 시작하고자 음악을 틀고 샤워했 다. 그러나 잠재의식과 의식의 부조화를 경험하는 것이 거

슬펐다. 우울한 감정의 분위기의 멜로디에서 이분은 우울
하다는 것을 알 수 있었다. 대화를 해보니 마음에 뭔가 응
어리가 있었다. 운동을 하지 않고 씻고 아침에 상쾌하게
시작하는 것은 좋다. 중요한 것은 잠재의식에 계속해서 나
이가 드는 것은 슬픈 일이라고 암시를 준다.

언젠가 가겠지
푸르른 이 청춘
지고 또 피는 꽃잎처럼
달 밝은 밤이면 창가에 흐르는
내 젊은 연가가 구슬퍼

가고 없는 날들을 잡으려 잡으려
빈손 짓에 슬퍼지면
차라리 보내야지 돌아서야지
그렇게 세월은 가는 거야

나를 두고 간 님은 용서 하겠지만
날 버리고 가는 세월이야
정 둘 곳 없어라 허전한 마음은

운동화 지금 당장 신으세요!

## 정답던 옛 동산 찾는가

멋진 노랫말이다. 김창완이 불러 히트 쳤다. 인생의 하프 타임을 지나는 중년들은 자신의 건강을 가장 최우선으로 삼아야 할 것이다. 지인 중에 너무 예쁘고 심성도 밝고 봉사도 잘하던 분이 갑자기 죽었다. 뭔가 마음에 응어리진 것을 아무에게도 이야기하지 않고 운동도 하지 않고 남들에게 맞추며 사느라 자신을 돌보지 않아서 몸에 병이 생긴 것을 몰랐던 것이다. 몸이 하는 소리를 듣고 자신이 진정으로 바라는 운동을 해줘야 할 중년에 고등학생인 아들을 두고 저세상으로 갔다. 중년이 되면 삶의 중반에서 세월을 뒤돌아보게 된다.

이 여성은 세월이 가는 것을 서러워하지 말고 지금 즐겁게 살고 싶다는 마음의 소리를 놓치고 있다. 옆에서 한마디를 해주었다. "이렇게 아침을 서글프게 시작하시면 하루 종일 꼬이는 일이 생길 거예요." 40대 중반 이후에는 해 놓은 것이 많은데도 없다고 생각하고 허전하다며 울적한 기분을 느낄 때가 있다. 앞으로 우울증이 세계 질병의 40%를 차지한다고 하니 우울한 기분은 어색해할 것이 없다. 만성적으로 익숙해서 그런지도 모른다는 것이 더 위험하다. 평소에 표정, 운동량, 듣는 말, 하는 대화 등에 주의를 기울일 필요가 있다. 몸이 불편하다고 계속 말을 해도 조용히 자신만의 시간을 가지며 내면에 집중하지 않으면 어떻게 될까? 몸의 소리를 잘 들어보자. 운동을 하라는 소리가 내면에서 계속 메아리칠 것이다. 운동을 하면 생각이 많이 사라지기 때문에 우울증이 완화된다.

뇌에 새로운 노래를 틀어 신경 세포의 길을 다시 뚫어 드렸다. 유산소 운동 1초가 완성되었다면 차츰 1분으로 늘리고, 5분까지 늘리면 딱 10분만 하자. 하늘에서 헬리콥터로 기계 농사를 짓는 미국의 농장에 비료가 뿌려지는 것처럼 우리 몸에는 좋은 영양소와 BDNF brain-derived neuro-trophic factor(뇌 유도성 신경영양 인자)와 세로토닌, 도파민, 아드레날린 등 좋은 호르몬이 뿌려진다. 세로토닌은 생체리듬, 수면, 체온 조절뿐만 아니라 불안과 분노의 감정을 억제하며 마음의 평화와 심신 안정의 기능을 하는 물질로 결핍 시, 적극성의 결여와 우울증, 식욕과 성욕 감퇴가 발생한다. 또한 세로토닌은 옥시토신의 수용체를 가지고 있는데, 스트레스 해소나 안도감을 얻기 위해 옥시토신을 이

198

용한다. 운동을 해야 이런 좋은 호르몬이 나온다.

중요한 건 운동하는 행위이다. 운동은 뇌에 더 좋은 회로가 생긴다고 전문가들은 말한다. 치매도 예방하고 앞으로 나이 들면 겪는 여러 성인병도 예방할 수 있다. 새로운 길을 뚫어야 할 때 운동으로 밝은 음악과 함께 자극을 주면 최고로 좋다. 더 이상 운동하는 데 의지를 발휘하지 않는 운동이 자동 습관이 되면 좋다. 운동은 아무리 해도 지나치지 않는다. 의사들이 운동하지 말라는 말은 의사들조차도 별로 운동을 안 해서 운동이 좋은 효과를 모른다. 가벼운 운동은 조금씩 해야 한다. 의료비나 약제비는 운동으로 많이 경감시킬 수 있다. 아주 조금씩 습관을 바꾸면 나이 드는 것도 겁낼 필요가 없다. 건강하게 사는 노년층도 많다. 새로운 길을 만들기가 쉽다. 새로운 행동으로 도전해야 치매도 예방하고 건강에 좋다. 아주 작은 운동을 매일 할 수 있도록 운동 시스템을 만들자.

몸은 항상 최상의 건강으로 돌아가려고 한다. 그러므로 운동도 하고 일하고 쉬기도 하는 것이다. 몸은 운동을 안 해서 어떤 나쁜 대우를 받더라도 항상성을 유지하기 위해서 노력한다. 그러나 몸을 돌보는 행동도 역시 운동이다. 몸을 잘 돌보고 살살 다룬다면 최고로 건강한 에너지로 몸이 보답한다. 다른 모든 것들과 마찬가지로 몸은 우리 내면의 생각과 신념의 반영이다. 몸이 항상 우리에게 말한다. 귀를 잘 기울여 몸이 하는 소리를 들어보자. 시간을 내어 자신 몸과 대화하는 여유를 꼭 가진다. 우리 몸의 세포들은 우리가 하는 모든 생각들을 다 듣는다. 그래서 구슬프면 노랫말의 뜻대로 구슬픈 인생을 살게 된다. 언제나 몸의 세포들이 말하고 있다. 몸의 신호를 잘 알아차리면 많은 질병의 증상들이 사라질 것이다.

우리 몸의 병은 의식 안에 뭔가 거짓된 생각이 있다는 것을 말해 주는 신호등이다. 운동을 안 해서 생긴 병은 우리가 믿고, 말하고, 행동하고 생각하는 것이 최상의 행복을 위해서가 아니라고 경고하는 빨간색 신호등이다. 항상 우리 몸을 끌어내리려고 하는 신호를 이제부터는 잘 알아차리자. 예를 들어 다음과 같은 식으로 몸에 대한 의식을 변화시킨다.

"좀 주의하란 말이야!"

운동화 지금 당장 신으세요!

이런 소리가 들리면, 몸의 어느 부분에서 지금 치유가 필요하니 당장 멈추고 들으라는 소리로 들으며 몸을 살펴본다. 필요하다면 아주 작게 운동을 시작할 결심을 한다.

# 유유상종 환경이
# 행동을 결정한다

"유유상종(類類相從)"

사람은 끼리끼리 모인다. 흔히 숙업이라고 하는 이 '끼리끼리'는 환경이 어떠냐에 따라 행동의 결과가 달라진다는 뜻이다. 즉, 까마귀는 까마귀끼리 놀고, 백로는 백로끼리 놀지만, 까마귀와 백로는 함께 놀지 않는다. 근묵자흑 근주자적(近墨者黑 近朱者赤)이라는 말과 같다. 먹을 가까이하는 사람은 검어지고 주사를 가까이하는 사람은 붉게 된다. 만약 주변에 친구들이 운동을 안 하고 먹기 좋아해서 맛집을 찾아다니고 술을 먹는 걸 좋아해서 밤마다 모임에 가는 환

운동화 지금 당장 신으세요!

경에 있다면 건강과 운동은 먼 곳에 있다고 생각해도 좋다. 운동과 건강한 습관은 밤에 술을 먹는 것과 야식과 대치되기 때문에 유유상종이 안 이루어진다. 만약 지금 몸이 건강하지 않고 운동을 하지 않는다면 주변에 어떤 사람들과 자주 어울리는 환경에 있는지를 점검해 보자.

운동을 하기로 마음먹은 후부터는 주변에 운동하는 사람들이 많다. 대부분 만나는 사람들이 한 개 이상의 운동을 정기적으로 하고 있다. '한국 미라클모닝' 카페를 운영하기 때문에 아침에 반드시 명상, 시각화, 확언, 글쓰기, 운동, 독서한다. 운동이라는 루틴이 빠진 적이 없다. 당연히 회원들은 아침에 운동하는 것으로 시작한다. 이때 운동이란 거창한 운동이 아니다. 기지개 한 번 켜기와 스쿼트 한 번도 운동으로 습관화하게 만든다.

혼자 하면 하다가 포기하지만, 여러 사람들의 눈이 있으니 함께 꾸준히 9년 이상을 지속하고 있다. 운동 인증을 꾸준히 해 1,000일 이상 지속한 회원들이 많다. 네이버 카페라는 온라인 플랫폼이지만 오프라인에서도 모임을 자주 한다. 자신을 알아가는 모임이기 때문에 만나면 생산적이고 건강을 위한 습관 실천을 함께 한다. 아침 일찍 새벽에 한강을 달리고 정신의 보약인 독서 모임을 한다. 언제나 PT를 하는 강사가 모임에 있어 준비운동과 스트레칭으로 마무리 한다. 이렇게 운동을 하고 독서든 다른 자기 계발 활동을 하면 뇌가 활성화되면서 집중력이 높아진다.

주위 인간관계의 환경이 이렇다 보니 운동하는 것이 일상생활이다. 규칙적인 생활을 하니 저녁 모임은 당연히 자연적으로 없어지고 새벽에 일찍 일어나서 여는 모임이나 아침 조찬 모임이 많다. 건강한 생활을 하는 환경으로 바뀌었다. 확실히 아침의 에너지와 밤의 에너지는 다르다. 아침은 백로의 느낌이고 밤은 까마귀의 느낌이다. 아침에는 환한 에너지가 해의 기운과 함께 창조되기 때문에 운동을 하면 효과가 배가 된다. 밤에는 우리 몸이 잠을 자라고 멜라토닌 호르몬을 분비해 졸리게 만든다.

밤에 운동을 하면 교감 신경이 활성화되어 잠을 깨게 만든다. 빛이 차단되어 잠을 자라고 멜라토닌 호르몬이 분비되는 때에 잠을 안 자면 치유 호르몬의 혜택을 못 받는다. 몸에 불편한 증상이 생길 수 있다. 잠만 온전히 잘 자도 보약을 먹는 것과 다름없다. 부교감 신경이 활성화되어 심장 박동을 느리게 하여 편안하게 명상하듯 자야 한다. 밤에 움직이고 운동하면 심장에 연결된 교감 신경이 자극되어 심장 박동이 빨라진다. 잠에 들 수 없다. 이런 습관이 반복되면 정신이 우울하고 불면증이 생길 가능성이 커진다. 그러나 밤에는 잠을 푹 자고 아침에 일어나서 가볍게 운동하고 하루를 시작하면 놀라보게 건강해진다. 밤에는 잠을 자는 환경을 조성하도록 습관을 점검해야 한다. 그렇지 않으면 수면의 질이 떨어진다.

건강하기 위해선 운동도 해야 하지만 잠을 잘 자는 환경도 중요하다. 지금 자신의 하루 패턴을 보자. 아침 몇 시에 일어나고 몇 시에 잠에 드는가. 해가 뜨는 아침과 빛이 사라진 저녁에 잠을 자는 환경에 있는가. 아니면 밤마다 불러내는 친구가 있는가. 이런 환경에 있다면 건강한 생활과는 거리가 멀다. 우리 몸은 낮에는 신경전달 호르몬인 '세로토닌'에 지배되고, 밤에는 숙면 호르몬인 '멜라토닌'에 의해 지배된다.

강남 세브란스 병원 가정의학과 이용제 교수는 "멜

라토닌은 낮 동안 세로토닌이 생성된 양만큼 밤에 분비된다."라고 말했다. 세로토닌을 생성하려면 낮에는 최대한 해를 봐야 좋다. 낮에 해를 잘 볼 수 있도록 점심 먹고 반드시 10분 정도는 해를 보면서 산책할 수 있는 환경에 있는가. 없으면 만들어야 한다. 건강은 사소한 습관에서 비롯된다. 해를 보지 않으면 멜라토닌이 많이 생성되지 않아 잠을 잘 때 숙면 호르몬이 잘 안 나온다. 실내에서 생활하는 현대의 생활 방식에서 의도적으로 햇빛을 받아야 한다. 밝은 빛을 몸에 받는 것은 수면의 질을 높이는 행동이다.

자기 전에 불을 다 끄고 간접 조명으로 명상하면서 잠에 스르르 들기 전에 기지개 한 번을 켜고, 요가의 비둘기 자세를 한 번 하면서 다리의 뭉친 근육을 풀고, 혈액 순환이 잘 되게 자면 하루를 상쾌하게 시작할 수 있는 상쾌한 아침이 이어지는 환경이 조성된다.

수면과 운동, 뇌와 치매의 관계를 요즘은 관심 있게 공부하고 있다. 아침에 일찍 일어나는 모임 회원들과 운동 공부를 한다. 환경이 운동하는 쪽으로 바뀌다 보니 뇌 과학자, 의사, 스포츠 전문가들과 국가대표 선수들이 만든 단

운동화 지금 당장 신으세요!

체에서 건강한 습관을 계속 연구하고 있다. 건강을 위해 운동하는 환경으로 계속 이끌린다. 운동을 통해 주변인들이 건강하게 살고 있으니, 이들의 에너지는 밝고 활기차고 긍정적이고 행복하다. 누구를 만나든지 쉽게 친해질 수 있고, 스포츠를 통해 뇌를 발달시키니 기억력이나 마흔 이후가 되면서 찾아오는 건망증이나 인지 능력에 장애물이 잘 생기지 않는다. 유유자적이라고 환경이 이렇게 바뀐 것은 습관을 의식적으로 바꿨기 때문이다. 만약 야식 먹는 습관과 늦게 자는 습관, 술 마시는 습관, 등을 버리지 않았다면 지금의 이렇게 좋은 환경에서 운동하는 사람들을 못 만났을 것이다.

시작은 일단 헬스클럽을 등록해서 문을 여는 것으로부터다. 일단은 '운동'이라는 키워드를 머릿속에 넣는다. "내 머릿속 생각이 나의 미래가 된다"라는 것은 과학이 증명하는 '신비한 뇌의 세계'이다. 철의 여인으로 불리는 영국의 마가렛 대처 전 총리는 어렸을 적부터 아버지로부터 들은 명언을 평생 삶의 태도로 간직하고 살아왔다. 아버지라는 환경이 딸에게 영향을 끼치는 것은 잠재의식이 움직이기 때문이다. 잠재의식은 가족관계에서 형성된다. 오랜

시간 생각, 감정, 말과 행동을 따라 하기 때문이다. 대처의
아버지는 이렇게 총리에게 조언해 주고 집안 곳곳에 명언
을 적어 놓게 했다.

　　생각을 조심해라, 말이 된다.
　　말을 조심해라, 행동이 된다.
　　행동을 조심해라, 습관이 된다.
　　습관을 조심해라, 성격이 된다.
　　성격을 조심해라, 운명이 된다.
　　우리는 생각하는 대로 된다.

이 문구는 미국의 유명한 변화 전문가인 토니 라빈스
도 자주 인용한다. 원래 이 명언은 19세기에 스코틀랜드
출신의 의사이자 정치개혁가인 새무엘 스마일즈Samuel Sm-
lies가 했다. 최근에 많은 뇌과학자나 심리학자들이 이 말
을 과학적으로 입증하고 있다. 유유상종이라는 말과도 일
맥상통한다.

인간의 뇌는 부정적으로 생각하면 뇌의 회로가 부정
적으로 연결되고, 긍정적으로 생각하면 긍정적으로 회로

　　　　　　　　운동화 지금 당장 신으세요!

가 많이 달라붙어 긍정적으로 행동하도록 작동한다. 그러므로 행복은 결국 긍정의 선택과 훈련, 습관을 통해 이뤄진다.

환경이 중요하다는 뜻으로 만약 긍정적인 환경을 많이 만들어 놓으면 행동은 당연히 긍정적으로 물들 것이다. 만약 먹물처럼 까마귀가 많이 있는 어두운 에너지의 운동 안 하는 사람들과 어울린다면 건강은 어떻게 될까? 체력이 당연히 주변의 환경에 의해서 점점 더 약해질 수밖에 없다. 그래서 운동하기 시작하면 운동 동호회에 많이 가입하게 된다. 달리기가 좋아져서 마라톤을 도전하고 싶으면 마라톤 동호회가 많으므로 찾아보자.

풀코스를 뛰었던 선배들의 조언에 따라 함께 훈련하면서 완주할 수밖에 없도록 도와준다. 철인 경기를 참가하고 싶다면, '도싸', '노로의 사이클', 'TMC Triathlon Mania Club'의 도움을 받아 연습을 해야 했다. 무턱대로 도전하는 운동 강도가 아니기 때문에 운동을 하면서 강도를 높이게 되면 버킷리스트의 꿈들을 하나씩 도전하게 된다. 왜냐하면 자신이 관심 있는 분야는 점점 더 커지고 넓혀지는 환경이 자꾸 다가오기 때문이다. 시작은 아주 작게 했으나 끝은 창대하여 써도 에너지가 계속 나오는 강철 체력이 될 것이다. 가장 중요한 것은 운동하겠다 결심하면 그에 따른 환경이 점차 조성된다는 것이다.

# 남자들도 생각도 못 하는
# 운동을 여자가

"나는 반드시 돌아온다."

맥아더 장군이 어쩔 수 없이 필리핀을 포기해야 했을 때, 그가 마음속으로 다짐한 생각이다. 맥아더 장군은 생각을 강하게 말로 표현했다. 번복하지 않게 단호한 목소리를 냈다. 그는 반드시 그가 그렇게 되리라는 것을 믿었다. 2차 세계대전 중 미국의 태평양 함대가 진주만에서 대패하여 일본이 남태평양 대부분을 점령했을 때, 맥아더 장군은 이 성명을 발표했다. 그리고 역사는 그가 정말 '반드시 돌아오겠어.'라는 생각을 실현해 주었다. 신념은 불가능을 가능하게 해준다.

언제나 결정할 때 나 자신에게 하는 질문이 있다.

"오늘이 내 마지막 날이라면 이 결심을 실행하지 않으면 후회할까?" 만약 대답이 "예스"면 반드시 어려운 도전이라도 해낸다. 남자가 하는 운동 종목이라도 해낸다. 오늘이 내 마지막이라면 시간이 이생에서 살 수 있는 날이 없기에 자신을 위해 어떤 것도 하게 된다. 얼마 남지 않았기 때문에 절실한 버킷리스트라면 절대 미루지 않는다. 운동을 통해 기른 끈기다. 처음부터 크게 시작하면 지레 겁먹고 그만두었을 테지만, 아주 작은 습관을 지속해서 끈기 있게 실천했더니 용감해졌다.

앤젤라 더크워스는 펜실베이니아대 교수로, 잘 나가던 커리어를 그만두고 공립학교 수학 교사를 자청하여 수학을 잘 하는 아이들과 잘하지 못하는 아이들의 결정적 요인을 알아냈다. 성공방정식이라고 하는 '그릿'은 열정과 끈기의 힘, 즉 결단력과 용기determination and courage다. 우리는 IQ나 학벌, 머리 좋은 사람들이 어떤 일에서 특출한 성

운동화 지금 당장 신으세요!

과를 낼 것이라고 알고 있다. 그녀의 연구는 운동이든 어떤 분야에서 탁월함을 보이는 사람들은 지극히 단순히 '성취=재능×노력'이었다. 아무리 머리가 좋아도 타고난 재능이 있어도 노력하지 않으면 성공할 수 없다는 걸 알아냈다.

'그릿'은 '노력'의 또 다른 이름이다. 철인 3종 경기를 완주해 보고 싶은 버킷리스트를 이루고자 하는 '투지, 기개'가 강했다. '남자들도 어렵다는 철인 경기를 어떻게 할까?'라는 의심은 하고자 하는 의욕으로 바뀌었다. 꾸준히 쌓아올린 작은 습관 덕분에 해낼 수 있을 것 같았다. 신념을 가졌다. 왜냐하면 어려운 도전을 성공시킨 경험이 있었기 때문이다. 아들 둘을 키울 때 체력이 없으면 남자아이들의 에너지를 못 받아줄 것 같아 운동을 배웠다. 아파트 테니스 코치에게 30분씩 개인 레슨을 받았는데 그때 알았다. 남자들이 잘 하는 운동 종목도 끈기 있게 배우면 체력이 강해질 정도로 잘할 수 있다고. 오직 필요한 건 '노력'이다.

큰아들은 6살이고 둘째는 2살일 때 유모차에 아이를 재우고 테니스 레슨을 받았다. 체력이 강해져 뭐든지 할 수 있을 것 같았다. 여자 혼자 아이들 둘을 데리고 산의 정상까지 올라갈 수 있는 걸 보고, 뭔가 결심하면 되는 것을 알았다. "나는 정말 강한 엄마야."라는 말을 마음속으로 많이 했다. 정말 강하다고 계속 말을 하니 강한 체력이 주어지는 것 같아서 신념의 중요성을 느꼈다. 아주 서서히 노력하면서 강도를 조금씩 늘렸더니 모든 것이 수월하게 잘 되었다. 시작은 아주 작게 노력은 꾸준히 했다.

"철인 3종 경기 반드시 해냈겠어. 완주하여 메달을 목에 걸겠어."라는 신념이 강했다.

매일 밤 자기 전 이미지 트레이닝을 했다. 완주하는 모습, 철인 경기를 잘 마치는 모습, 건강하고 안전하게 즐기면서 대회를 하는 모습은 새로운 삶의 활력소가 되었다. 이렇게 어려운 일에 대해서 결심을 굳게 하고 끈기를 가지고 연습하는 데 가족들의 반대와 주변에서 '여자인데 과연할 수 있을까'라는 시선을 주며 걱정했다. 하지만 그런 걱정이 연습하는 노력으로 무마되었다.

만약 도전을 하고 싶은 분야가 남성들이 즐기는 스포츠라면 노력하면 된다. 재능은 누구에게나 주어진다. 어떤 운동을 꾸준히 하여 꼭 도전해 보고 싶은 남성들이 즐기는 운동 종목이 있다면 '끈기와 기개와 결단, 용기'로 도전해본다. 꿈을 이루는 과정에서 배우는 것이 많다. 철인 3종 경기는 마라톤 풀코스를 1분 달리기로 시작하여 도전해서 해내자, 자신감이 생겼다. 똑같은 운동 종목보다 다른 종목에 도전하자는 생각이 문득 들어서 함께 도전할 멤버들을 모집했고, 우리는 함께 연습했다. 즉, 노력을 몇 달간 했다.

워낙 체력이 강한 젊은 20대들이 과연 40대인 여자인 내가 할 수 있을까 하는 의문이 없었던 건 아니다. 생에 꼭 이루고 싶은 버킷리스트였기에 그저 진행했다. 통영 올림픽 철인 3종을 하자고 헬스 사업을 하는 20대 젊은 사장님이 제안해서 그 경기가 어떤 코스인지도 모르고 무모하게 '예스'를 외쳤다. 나중에 알고 보니 통영 대회는 철인 경기를 하는 사람 중에서도 가장 어려운 난코스라고 한다. 자전거 코스노 낙타 등처럼 꼬불꼬불한 경사가 높은 길이 계속 반복되고 위험하다는 기사들을 읽었다. 그러나 꿈을 향한 도전에는 아무도 말릴 수가 없었다.

시간이 날 때마다 40km씩 자전거를 타기로 했다. 대회에 나가기로 결심하니 오직 꿈 하나로 귀결되었다. 모든 주의와 집중이 연습과 노력 하나였다. 꿈은 간절하면 이루어지는 법. 연습에만 매달렸다. 통영 철인 3종 올림픽 코스는 10월에 대회가 열리는데 결심하게 된 것은 5월이었고 연습 기간은 6월에서 10월까지 약 4개월이었다. 마라톤 풀코스를 자주 뛰어 달리기는 잘할 수 있는데 수영과 자전거 연습이 제대로 안 되었다. 수영장을 바로 가서 자유 수영을 해봤다. 20년 전에 배운 수영이었지만 감은 있어서 앞으로 잘 나갔다. 36바퀴를 50분 이내에 들어오는 것을 목표로 잡고 연습해 봤다. 1.8km 오픈 워터 바다 수영인데 일단은 실내 수영장을 36바퀴 돌아야 한다. 여기에는 컷오프도 있어서 시간제한이 50분이다. 시간 내에 들어오지 않으면 컷오프에 걸려 탈락이다.

오픈 워터에 대해 알아보고, 한강 수중보라는 허가된 공간에서 수영해도 된다는 정보를 얻고 함께 도전하기로 한 청년들과 매주 새벽 6시에 수트, 수모, 수경과 부이를 준비하여 한강으로 갔다. 달리기로 몸을 풀고 수영을 연습해 봤다. 생각보다 할만했다. 끈기와 노력으로 어떤 도전이든 할 수 있다는 정신으로 바뀌었기에 한강 수영이 가능했

운동화 지금 당장 신으세요!

다. 놀라웠다. 이렇게 말도 안 되는 도전을 통해서 해내는 성취감이 뿌듯함으로 하늘을 찔렀다. 뭐든지 할 수 있을 것 같았다.

신념은 마력을 가지고 있다. 자기가 자신에게 거는 자기 암시, 혹은 다른 사람으로부터 받는 타인 암시는 잠재의식으로 하여금 독창적인 일을 하게 하는 힘을 가지고 있다. 남자들만이 한다는 철인 3종 경기를 그것도 가장 난코스를 여자인 내가 해냈다. 암시에는 암송과 반복이 큰 역할을 한다. 평소에 '나는 할 수 있어 I can do it' 책을 번역한 번역자이기에 그 말이 잠재의식에 '할 수 있다'라는 강한 신념을 가지게 했다.

어떤 일이든 그 일을 할 수 있다는 신념이 무엇보다 중요하다. 굳은 신념은 다른 사람들이 도저히 해낼 수 없다고 포기한 일도 깨끗이 성공시킨다. 그 시작이 아주 작은 운동 습관을 꾸준히 인내하고 노력하고 결단하여 용기를 가지고 추진했기에 가능했다. 운동은 '그릿Grit'을 생기게 하는 가장 좋은 도구다. 성취하도록 이끄는 원동력인 신념을 강화시킬 수 있는 이유가 자신에게 불어넣은 자기 암시였다. "여자인 나도 할 수 있어."

# 자전거를 배우지 못한 것이
# 서러워서

인간의 감정은 다양하다. 희로애락을 알지 못하면 가슴이
답답하고 뭔가 성취해도 공허하다. 자신의 감정을 들여다
보고 "나는 할 수 있어"라고 자기 암시를 거는데 "운동해서
뭐 하게?, 네가 뭘 운동한다고 그냥 잠이나 자. 원래 너대
로 살아"라고 방해하는 내면의 소리는 무엇인지 잘 봐야지
운동을 하지 않고 계속 끈기 있게 이어가지 못하는 이유를
알 수 있다. 혹시 평소에 자주 느끼는 감정이 다음 중 무엇
인가? 평소에 대화할 때 자신의 감정을 자주 이야기하라.

운동화 지금 당장 신으세요!

| | | |
|---|---|---|
| 기쁠 희(喜) | 자유로운 | 뿌듯한 |
| 성낼 로(怒) | 구역질 나는 | 참담한 |
| 슬플 애(哀) | 그리운 | 두려운 |
| 즐길 락(樂) | 가벼운 | 즐거운 |
| 기쁜 | 고마운 | 두근두근 하는 |
| 걱정되는 | 속이 부글거리는 | 심술 나는 |
| 슬픈 | 기대는 | 외로운 |
| 신나는 | 흐뭇한 | 통쾌한 |
| 기분 좋은 | 좋은 | 산뜻한 |
| 골치 아픈 | 신경질 나는 | 암담한 |
| 쓸쓸한 | 넋이 나간 | 우울한 |
| 가벼운 | 명랑한 | 생생한 |
| 행복한 | 밝은 | 들뜬 |
| 고통스러운 | 심각한 | 앞이 깜깜한 |
| 가슴 아픈 | 눈물겨운 | 울적한 |
| 끝내주는 | 살맛 나는 | 유쾌한 |
| 감사한 | 감동적인 | 상쾌한 |
| 괴로운 | 싫은 | 기분이 나쁜 |
| 고독한 | 답답한 | 마음이 무거운 |
| 날아갈 듯한 | 재밌는 | 활기찬 |

| | | |
|---|---|---|
| 따사로운 | 죽을 것 같은 | 포근한 |
| 꼴 보기 싫은 | 들뜬 | 억울한 |
| 무기력한 | 다정한 | 복잡한 |
| 활발한 | 원망스러운 | 의기양양한 |
| 상큼한 | 자포자기한 | 만족스러운 |
| 끓어오르는 | 흥분된 | 재수 없는 |
| 허탈한 | 평화로운 | 힘든 |
| 힘찬 | 어이없는 | 감격스러운 |
| 편안한 | 벼랑에 선 듯한 | |
| 열 받는 | 호기심 가득한 | |

운동을 하기 전에는 많은 감정이 '성낼 노'와 '슬플 애'에 해당하였다. 사람들과 어울릴 때도 한 없이 고독하고 쓸쓸하고 뭔가 채워지지 않는 느낌을 자주 느꼈다. 자전거를 배우지 못해 남들은 여행 가서도 자전거를 빌려 사람들과 어울려 자전거를 타러 가는데 어린 시절에 자전거를 배우지 못한 서러움이 간절한 꿈이 되었다. "기필코 자전거를 탈 수 있으리라." 잠재의식에 깊이 각인되었다. '언젠가는 타겠지'가 아니라 '자전거 타기'라는 간절한 꿈을 이

운동화 지금 당장 신으세요!

루고 싶었다. '자전거 가지고 무슨 감정을 논하냐?'고 그럴 수도 있겠지만 '자전거'라는 상징적 의미는 나에게는 크다. 어린 시절 가난해서 자전거 살 돈이 없었고, 자전거를 가르쳐 주는 부모의 여유가 없었고, '자전거를 타면 어떤 자유가 주어지는지'를 설명해 주는 사람이 없었다.

책을 읽을 수도 다른 무엇으로 꿈을 채울 수도 없었다. 자전거는 나에게 하나의 큰 도전이었다. 언젠가는 탈 수 있을 거라는 막연한 기대만 했다. 잠재의식은 거대한 기억의 창고다. 어른이 되어 이제 모든 것을 할 수 있는 나이가 되었는데도 여전히 자전거는 나의 관심 밖에 있었다. 그러나 어딘가 모르게 자전거라는 기억 창고는 나에게 그리운 감정을 자꾸 꺼내보게 했다. 결혼하고 애들을 낳고 직장 생활을 하느라 잊었던 자전거의 꿈이 한 신문 기사에 의해 꿈틀대기 시작했다. 한 치과의사가 나의 심장을 뛰게 했다. 자전거를 타고 멋진 유니폼을 입고 '쌩쌩' 직장으로 출근한다는 다소 특이한 의사의 기사였다. 분당서울대학교병원 치과 최용훈 교수의 기사가 나의 운명을 바꾸었다.

똑같은 마흔의 중반으로 들어서는데 최용훈 교수는

너무나도 탄탄한 몸에 멋진 삶을 살고 있었다. 커리어와 운동을 접목하여 일상에서 생활 운동을 하고 있었다. 일부러 자전거를 탈 수 있는 자전거 도로 근처로 이사 갔다는 기사를 읽었을 때 '열정이란 이런 거구나'라고 느꼈다. "나도 이런 꿈 있는데……."하면서 스스로 위로하기 보다는 적극적으로 나설 수밖에 없었다. 운동을 꾸준히 해서 마라톤 풀코스도 잘 뛰게 되었으니 도전해 보자는 결심이 섰다. '자전거도 잘 못 타고, 수영도 한 지 20년이나 지났고, 오직 마라톤하여 체력이 좋아진 것밖에는 없는데 어쩌지!' 하면서 걱정하는 감정을 느끼는 순간에 내면 깊은 곳의 목소리는 '할 수 있어'라고 말했다.

최용훈 교수도 40대 중반이 되고 조금씩 허전한 마음이 들어 철인 3종 경기를 찾았다고 한다. 군의관 시절에 우연히 달리기 하여 매일 10km씩 달렸더니 재미있어서 풀코스에 참가했다가 30km 지점에서 힘들었지만, 연습 없이도 겨우 완주했고, 그때 느낀 것은 풀코스는 연습 없이는 아무나 뛸 수 없다는 것이었다. 오직 철저히 꾸준히 달리기를 하면서 장거리 LSD 30km도 달려봐야 하니 동호회에 가입해야 수월하다. 철인 3종 경기를 위해 사이클을

　운동화 지금 당장 신으세요!

타고 새벽반 수영을 다니고 매일 자전거로 40km를 출퇴근하는 최 교수는 조금은 다른 시선으로 세상을 살아가게 되었다. 자연치아를 살리는 연구를 하고 남다른 노력을 기울인다. 그릿Grit의 전형적인 실례를 보여준다.

최 교수는 운동을 당장 시작하라고 한다. 회식과 야식이 반복되는 일상에서 운동을 강도 있게 하지 않으니 10kg이나 체중이 더 나가서 회식과 야식을 딱 끊었다고 한다. 덕분에 저녁 있는 삶, 가족과 함께하는 저녁을 살게 되었다고 한다. 여러모로 자전거를 통해서 운동하는 게 일상이 되고, 짧은 시간만이라도 숨 차는 운동하라고 조언한다. 하지만 운동을 시작한다고 거창하고 무리한 목표를 세워서는 좋지 않다고 조언했다. "겸손하게 차근차근 꾸준히 그릿Grit처럼 하는 것이 중요하다"라고 말했다. 자신과의 싸움이지 남들과 경쟁하는 것이 아니니, 자신의 속도에 맞게 하라는 조언이 가슴에 콕 들어왔다. 최고의 동기부여로 힘을 얻어 철인 3종 경기에 도전했다.

누군가의 간절한 꿈은 이미 이룬 사람들의 따뜻한 조언이 담긴 기사에서도 이루어질 수 있다. "할 수 있다"라는 강한 신념을 심어준 것이 최용훈 교수다. 자전거를 못 배운 서러움을 차근차근 준비하여서 참가하는 데 의의를 두자고 작은 목표를 정하고 철인 3종 경기 올림픽 코스에 출전하였다. 감동이 얼마나 컸던지……. 꿈을 이루지 못해 슬펐다. 답답하고, 무기력했던 삶에 흥분되고 들뜬 감정이 느껴져 삶이 완전히 달라졌다. 한 번 도전할지라도 그 도전은 아주 큰 결실이다. 생애 잊히지 않는 도전이었다. 전 세계에서 선수들이 모여 올림픽 코스를 아주 빠르게 경기를 치르는 것을 대회 전날에 와서 봤는데 얼마나 멋있던지.

한 번도 가보지 않은 길은 반드시 두려움을 동반한다. 철인 경기를 한 번도 해보지 않은 터라 시각화를 해야했다. 전년도에 통영에서 있었던 철인 경기 영상을 유튜브에서 여러 번 봤다. 이미 마음은 그곳에서 달리고 수영하고 있고, 사이클을 타면서 생생하게 날아갈 듯 기분이 좋았다. 생생한 감동을 자주 느꼈다. 처음으로 30대 초반에 5km 마라톤을 한강에서 성공시킨 날에 엄마가 자랑스럽다고 남편과 아들 둘이 와서 결승선에서 "잘했다"라는 감격이 또 하나의 큰 사랑과 인정이 되었다. 마라톤 5킬로 한강에서 시작하여 철인 3종까지 온 이야기는 자전거의 서러움에서 비롯되었다.

철인 3종 경기에서 감격스러운 완주를 3시간 19분에
하면서 자전거를 못 탄 서러움의 꿈을 이루었다. 꿈은 간
절하면 잠재의식이 반드시 이루게 해준다. 통영 날씨도 아
름다웠고 모든 것이 긴장되기보다는 내가 이런 경기를 한
다니, 감격스러운 활기로 그간 울적했던 마음의 찌꺼기들
이 다 사라졌다. 운동을 더 좋아하게 되었다. 이 모든 것이
"그냥 자전거를 타볼까, 한 번 도전해 볼까?" 라는 작은 소
망에서 시작되었고 꾸준히 연습하니 언덕을 올라갈 수 있
게 되었고, 그동안 꾸준히 운동해온 체력으로 모든 게 다
가능하게 만들어버렸다. 서러운 감정을 꿈을 실현시키는
계기로 만들자. 크게 한 번 운을 돌리는 쪽으로 운동해 보
면 삶이 정말 크게 달라질 것이다.

# 나의 행동을 결정짓는
# 세 사람

인생에 세 번의 기회가 찾아온다. 정말일까. 꼭 기회가 3번일까? 기회는 3번이 아니라 무수히 많다. 나는 살면서 기회가 무수히 많이 올 때마다 잡았다. 성격이 적극적이고 도전을 좋아해서인지, '이것이 기회인지 아닌지'를 아주잘 분간할 수 있다. 기회를 잡는 방법과 결과에 대한 만족을 알 수 있는 지표는 가슴의 떨림이다. 만약 어떤 이유로 어떤 사람이 제안하거나 남들이 하는 행동을 봤을 때 가슴뛰어 설렌다고 느끼면 그것은 자신 것이다. 자신의 기회다. 앞으로 꿈을 이루는 데 크게 도움이 될 기회이니 잡아야한다.

운동화 지금 당장 신으세요!

가장 안전한 도전은 아무것도 하지 않는 도전이다. 인간은 과연 아무것도 안 하고 성장 안 하길 원할까. 아무것도 하지 않는다는 것은 제자리에 그냥 있겠단 뜻이다. 목표도 꿈도 없이 무기력한 삶을 살면서 항상 남들이 이루어 놓은 것을 부러워하면서 살게 된다. 지금 이 책을 읽지도 않을 것이다. 그들의 삶도 나쁘지 않다. 그들의 선택이니까. 인간은 더 성장하고 자신의 가치를 드러낼 기회가 오면 도전하고 싶어 한다. 인간의 성장 욕구는 본성이다. 지금의 상황에서 더 나은 삶을 바라니까 독서도 하고 운동도 하는 것이다. 자신을 자극하는 롤 모델을 3명을 항상 사진을 구해두자. 그 사람의 어떤 특징 때문에 도전하는 것이 멋있어 보이고 가치 있는지 종이에 써보자. 그러면 자신이 간절히 원하는 것이 무엇인지 보일 것이다.

　　그러나 별로 가슴에 와닿지도 않고, 어떠한 마음의 움직임도 없으면 그건 자신 것이 아니다. 도전해도 결과가 별로라서 행동한 것을 후회할 수도 있다. 그런데도 나는 도전해 보라고 말하고 싶다. 무언가를 하지 않아서 후회하는 것보다 기회가 왔을 때 기회와 관련된 혹은 비슷한 도전을 해보면 거기에서 파생되는 수많은 좋은 경험들이 따라온다. 내 운동과 관련하여 도전 운명을 결정해 준 세 사람이 있다. 첫 번째는 '세바시(세상을 바꾸는 시간 15분'에 나온 오현호 작가와 모험가, 영화제작자 이동진, 엄홍길 대장님이다.

오현호 작가는 나의 정신적 멘토다. 삼성전자 총괄 매니저로 일하다 삶의 도전에 대해 의문이 생겼다. 더 이상 가슴이 시키지 않는 일을 하는 것보다 가슴 떨리는 길을 선택하겠다고 잘 다니던 직장을 그만뒀다. "남의 전략은 짜주면서 내 자신의 전략은 무엇이지?"라는 인생의 질문이 들어왔고 "이렇게 살아서는 안 되겠다"라고 생각하여 모든 방법을 동원하여 호주로 떠났다. 해병대 출신인 그는 영어를 잘 하고 싶어서 '스킨 스쿠버' 강사가 되기로 하고 호주에서 수많은 도전을 통해 영어도 잘하게 되고 스킨 스쿠버 강사가 되었다. 책을 내서 사람들에게 도전하는 삶의 중요성을 알려주었다. 《부시 파일럿》이란 책은 길 없는 길을 가는 파일럿을 말한다. 오지의 물자를 댈 곳이 없어 자원을 이송해 주는 비행기를 조종하는 조종사가 되기 위해 미국에서 공부해서 파일럿이 되었다.

운동화 지금 당장 신으세요!

남들은 편안하게 살고자 안주하는데도 오현호 작가의 끊임없는 도전은 내 가슴을 설레게 했다. 2016년에 본 세바시 영상에서 꼭 오현호 작가님 같은 사람이 되겠다고 잠재의식 깊이 각인시켜 놨다. 신기하게도 나중에 철인 3종 경기를 해내게 된 것도 세바시 영상에서 본 철인 3종 경기 완주 사진을 잠깐 본 덕분이다. 어떤 사람이나 행동을 봤을 때 나의 가슴이 떨리는 것을 꿈이라고 했다. 버킷리스트에 담긴 마라톤 풀코스 완주와 철인 3종 경기는 죽기 전에나 할 수 있거나 먼 미래라고 생각되었는데 그로부터 3년 후 정확하게 오현호 멘토를 만났다. 그것도 아주 가까이서 뵙게 되었다. 인성이 놀랍고 뛰어나 젊은이들의 멘토가 될 수밖에 없었다. 최고의 인격을 가진 분을 평생 롤모델로 삼기로 했다. 인연과 기회란 이렇게 가슴의 울림으로 일어나는 것을 알 수 있었다. 항상 용기를 주고 격려와 공감으로 사람의 마음을 움직이게 하는 멘토의 응원이란 삶을 살아가는 데 있어 힘이 된다. 신실한 진심으로 인해서 직접 만나서 코칭을 받고 그러진 않지만, 항상 마음으로 응원하는 에너지가 느껴진다. 잘하라고 하는 후배를 향한 마음이 전해져 어떤 도전이라도 잘 해낸다. 이동진 모험가 역시 오 작가님을 만나 수많은 도전을 하게 되었다.

엄홍길 대장님은 평생 도전하라는 모험 정신을 잘 간직하게 한다. 3명의 롤모델을 잘 분석하자. 운동을 하게 될 것이다.

도전할 때 기회를 잡는 사람들의 특징은 준비되어 있다는 것이다. 만약 여러분이 1분이라도 운동하고 1초라도 뭔가 꿈과 관련된 에너지를 움직인다면 큰 기회가 찾아올 수도 있다. 그래서 꾸준히 끈기 있게 계속하라는 것이다. 성공과 실패를 예측하여 이런 것이 오면 할 수 있겠다고 생각하여 성공의 가능성이 더 크면 도전한다. 실패를 두려워할 필요가 없다. 도전해서 안 되면 또 다른 것을 도전하면 된다. 자신에게 한 약속은 반드시 지키는 것이 좋다. 내면에는 수많은 사람이 살고 있는데 그중에서 가장 중요한 사람은 자기 자신이다. 자신과의 약속을 지키지 않으면 삶이 무기력하다. 자신과의 약속을 철저히 지키는 사람들이 도전하는 사람들이다. 모든 가능성에 마음의 문을 열고 받아들여서 기회를 포착하는 능력은 평소 운동을 통해서 에너지를 비축해 놓기 때문이다.

인생에 제일 큰 영향을 준 책을 펴낸 외국 사람도 멘

토가 될 수 있다. 책으로 에너지를 받기 때문이다. 페이스북으로 소통한 분인데 《미라클모닝》을 쓴 할 엘로드다. 20대 젊은 나이에 사업에서 승승장구한 그는 큰 교통사고로 인해 6분간 죽음을 경험했다. 하지만 마음의 힘을 이용해 반드시 살아남아 걸어 다니겠다고 의식을 놓지 않았고, 힘든 재활을 통해 새 생명을 얻어 마라톤을 뛰게 된다. 친구들과 함께 도전하면서 누군가가 울트라 마라톤을 제안했다. 울트라 마라톤은 42.195km보다 훨씬 더 긴 거리를 달리는 대회다. 할 엘로드는 울트라 마라톤도 해냈다. 왠지 할 엘로드의 삶이 궁금해졌다. 매일 아침 일어나서 명상, 시각화, 확언, 글쓰기, 운동, 독서한다고 했다. 매일 그를 따라서 실천한 것이 운동 도전 성공의 계기가 되었다.

남들보다 일찍 일어나서 조금이라도 1분씩 운동하고, 감사 일기를 쓰고 명상하고 시각화와 확언을 하고 독서하면 달라신다는 그의 말을 믿고 매일 따라한 지 3000일(2024년 현재)이 넘었다. 짐론의 "성공의 정도는 자기 계발의 정도를 절대 뛰어넘지 못 한다"라는 말이 계기가 되었다. 짐론은 미국에서 자수성가한 강연가다. 몹시 가난한 자신 모습에 더 이상 이렇게 살아서는 안 되겠다고 생각하여

자기 계발을 하였다. 결국 큰 부자가 되었다. 성공하는 사람들은 반드시 운동과 독서, 확언과 시각화 명상과 글쓰기를 한다는 데 대해 수긍했고, 계속 새벽 3시 기상을 이어가고 있다. 시작은 1분이었다. 딱 1분만 일찍 일어나서 뜀뛰기를 하든 팔벌려뛰기하든 운동하자라고 먹은 것이 이렇게 습관이 되어 누가 뭐라고 해도 몸에서는 자동 시계가 나가게 한다. 이것이 습관의 힘이다.

도전을 적극 지지해 준 사람은 '한국 미라클모닝' 카페 회원들이다. 함께 미라클모닝 습관을 실천하면서 마라톤을 도전했다. 처음에는 달리지도 못하고, 달리는 게 가장 싫고, 달리기는 항상 꼴찌고 500미터도 못 달린다는 분들이 이제는 풀코스와 하프 코스 정도는 너무나도 당연하게 쉽게 뛸 정도로 체력이 크게 향상되었다. 이분들의 도전을 보면서 먼저 마라톤을 시작한 나를 따라서 그 에너지가 크게 전해져 함께 하면 이렇게 지속이 가능함을 느꼈다. 물론 처음부터 잘하는 사람이 어디에 있겠는가. 다들 유산소로 한 사람이 뛰면 반성하여 따라서 뛰고 장거리 훈련한다고 하면 똑같이 따라나서서 함께 뛴다. 운동을 할 때 지속할 힘은 함께 하는 것이다. 친구도 좋고 가족도 좋고 함께

운동화 지금 당장 신으세요!

나서서 대화도 하고 서로 응원의 박수를 보내주고 받는다. 이렇게 롤모델이 있으면 자신이 어떤 운동을 좋아하는지 알 수 있다. 적극 기회에 도전하자.

# 하프 마라톤 대회에서
# 쌀 한 가마니

"나무아비타불 관세음보살"

"옴 아례 삼만염 사바하"

"성부와 성자와 성령의 이름으로 아멘"

"주 예수 그리스도의 이름으로 기도하옵나이다. 아멘"

"하느님, 예수님, 부처님, 세상의 모든 신이시여. 조상
님이여. 태양이여."

우리는 뭔가를 간절히 원할 때 절대적인 기적을 일으켜 줄
것 같은 존재에게 기도한다. 운동선수도 스포츠 경기에서
항상 기도하는 장면이 나온다. 김연아 선수도 올림픽 경

운동화 지금 당장 신으세요!

기에 출전하기 전에 기도하는 모습이 보였다. 세상을 움직이는 힘은 단지 지금 보이는 것 이상의 뭔가가 존재한다는 뜻이다. 박지성 선수도 마찬가지다. 박찬호 선수는 은퇴 후 아예 명상가로 활동한다. 혹시 간절히 원하는 것이 있는가? 진정으로 원하는 것을 하기 위해서 무엇이 필요할까?

남들에게 행복하게 보이는 것이 아니라 내가 행복한 기도를 해야 한다. "뭘 할 때 행복한가?"라는 질문에 자신 있게 대답할 수 있는 사람들은 인생을 자기답게 살아서 뭘 해도 행복할 것이다. 하지만 뭘 할 때 행복한지 딱히 모르겠다고 말하는 사람들은 일단 운동을 해보자. 그러면 운동하면서 나오는 행복 호르몬이 걱정과 스트레스를 비워줄 것이고 그 자리에 자신이 간절히 원하는 것을 점점 알게 될 것이다.

운동을 좋아하게 되어 마라톤 대회를 많이 출전하다 보니 속도가 빨라져 대회에 나가서 상을 타기도 했다. 은행나무 마라톤 하프 대회에 나가서는 여성들이 많지 않아 순위 안에 들어 쌀 두 가마니를 타기도 했다. 1분 달리기부터 시작된 나의 도전은 절의 공양미 300석을 떠올리게 하는 행운을 거머쥐게 하기도 한다. 지인 중 한 명은 국밥집 사장님이다. 그는 마라톤을 하게 되면서 자기 안에 달리기 재능이 있는 것을 발견했다. 마라톤 풀코스를 2시간 40분 안에 완주하는 거의 초인적인 스피드를 낸다. 운동을 하다 보면 진정한 자신의 재능과 꿈을 발견하게 된다. 결국 프로 지역 마라톤 선수로 활동하면서 생업을 병행한다.

운동을 하면 운이 좋아진다. 운동은 자신 몸을 신성하게 여기는 기도다. 고승들이 수행하는 것도 자신의 몸을 움직여 극한까지 몰아넣는다. 모든 생각이 비워지기 때문에 몸을 움직이는 행위는 일종의 수행과도 같다. 말로 하는 기도도 입의 근육을 쓰는 움직임이다. 몸 전체를 움직이면 기도가 더 신속하게 이루어진다. 그래서 모든 성공한 사람들과 위대한 사람들은 산책과 운동을 성공의 필수 요소로 꼽는다. 어떤 분야든지 성공하기 위해선 체력이 뒷받침되어야 한다. 특히 여성의 경우 육아와 집안일을 하기 위해서는 체력이 남아 있어야 직장에서 돌아와 집안일을 할 수 있는 에너지가 남는다.

체력은 반드시 음식과 운동으로 키울 수 있다. 밥심과

운동화 지금 당장 신으세요!

운동 심으로. 하프 마라톤 대회에서 쌀을 상품으로 받는 것을 보면서 나는 달리기를 좋아하게 되었지만 '신체적으로도 달리기 좋은 몸이 되었구나.'를 느꼈다. 기초 체력을 키워야 한다. 요즘은 많은 분이 바이오리듬이 깨져 아침에 일어나기도 힘들고 헬스장에도 안 가고 사회적 거리 두기 여파로 체육시설이 문을 닫은 곳이 많다. 몸이 무거워지고 답답하다고 말한다. 하지만 운동은 생활 속에 있다. 아파트 계단을 하루에 3개만 매일 올라 보자. 3개 올라가서 엘리베이터를 타면 아주 쉽다. 그렇게 시작하면 일단 등산을 한 효과가 난다.

닥터 유태우 박사의 생활 운동 처방도 계단 운동을 추천한다. 유태우 박사는 모든 사람들이 건강하게 20대로 살아가는 방법이 생활 운동이라고 말한다. 일단 먹는 것을 가볍게 하고 생활 속에서 많이 움직여서 20대의 몸무게로 살아야 노후에 건강하게 살 수 있다고 강조한다. 그는 대부분 운동과 식이 조절을 하면 누구나 건강하게 병 없이 살 수 있다고 말한다. 활력 있는 생활은 모두 몸이 잘 만들어지고 체력이 되어야 가능하다. 100세 시대에 건강하게 살 수 있다. 유태우 박사의 건강 강연을 꼭 들어보자. 여성으로서 왜 몸이 건강해야 하는지 40대 이후에는 왜 몸에 더 신경을 써야 하는지 체중과 운동의 상관관계를 통해서 건강하게 생활하는 법을 알려주고 있다.

　만약 지금 몸을 만들어 놓지 않으면 돈을 벌기 위해 어영부영하다가 나중에 그 돈을 전부 병원비로 쓰게 될 것이라고 경고한다. 차라리 생활 속에서 작은 습관을 실천하면서 운동도 하고 운도 벌고, 행운을 얻는 게 더 낫다. 공양미 300석은 아니더라도 재미난 운동으로 집에서는 쌀이 더 들어오는 풍요가 발생하게 될 것이다.

4장
결과 인생이 바뀌다

# 스트레스받으면
# 무조건 나가서 달린다

"네가 그래서 키가 작아?"

"내가 뭐 어때서?"

"그러니까 그렇지. 잘 챙겨 먹이고 그러면 아이들이 잘 크잖아!"

남편이 술 먹고 나에게 던진 가장 큰 한마디가 달리기를 시작하게 된 계기였다. 시댁에서 제사 지내고 밤늦게 술 한 잔 한 남편을 위해 운전을 해주면서 집에 오는데 차 안

운동화 지금 당장 신으세요!

에서 그동안 서운했던 게 있었는지 나의 가장 깊은 열등감과 상처를 건드렸다. 남편은 키가 크다. 나는 어린 시절 키가 작다고 생각은 해 본적이 없다. 오히려 또래들보다 성장이 빨랐으니까. 키에 대해서는 생각 안 하고 보통이라고 느꼈는데 아이들의 먹을거리를 잘 챙기라는 대화가 스트레스를 최고조로 올렸다. 남편이 무의식에 있는 평소에 하고 싶었던 말을 술김에 해버렸다. 상대방을 비난하는 말을 던져 버린 것이다.

갑자기 화가 나고 스트레스가 머리끝까지 와서 차로 아이들과 남편을 집에다 내려주고 나는 열 받아서 한강으로 차 안에서 소리 지르며 운전했다. 존경하는 치유 전문가가 스트레스받으면 차 안에 문을 닫고 크게 소리를 지르라는 말이 생각나서 그대로 했다. 그런데 신기한 현상이 벌어졌다. 화가 나서 차 안에서 소리를 고래고래 크게 질렀는데 지극한 평화와 자유가 동시에 느껴진 것이다. 이건 또 뭐지. 감정은 양립할 수 없다고 알고 있는데 지극한 평화와 화가 동시에 느껴진다니. 스트레스를 받을 때 스트레스 해소하는 행동을 해주면 그 자리에서 스트레스가 잦아진다는 경험을 했다. 삶의 고통이 큰 축복이라는 선인들의 말이 이럴 때 쓰는가 보다.

'스트레스받아서 감정이 완전히 바닥을 쳐야 하는데도 동시에 평화로울 수도 있다'라는 느낌을 강하게 받았다. 어쨌든 남편에서 비아냥거리는 말을 들어서 열받는 머리를 끄기 위해서라도 한강을 달렸다. 오래전 이야기이지만 나에게 "키가 작다"라는 말은 맨정신이 아니고 술을 먹고 했기 때문이라도 큰 상처가 되었다. 누구나 열등감이 있지만, 나는 그 열등감이 한 번도 건드려지지 않았다. 그리고 내 키가 불편해 본 적은 없었다. 아이들 키우면서 육아도 힘든데 인정은 못 해줄망정, 비난을 받은 나로서의 어이가 없었다. 하지만 어쩐 일인가. 압구정동의 한강을 밤에 화가 나서 달리는데 무한한 행복이 느껴졌다. 달리기가 이런 것일까. 그때부터 잠재의식에 달리기는 스트레스받으면 최고의 해결책이라고 강하게 박혔다.

어떻게 보면 마라톤 하기 시작한 것도 열받을 때 달리기 시작한 계기가 있어서다. 스트레스라는 말은 끊임없이 변화하는 삶에 대한 두려움이다. 남편에게 공격받았을 때의 스트레스는 '앞으로 나는 중년이 되면서 여성으로 인정

운동화 지금 당장 신으세요!

을 받지 못하는 건가?'라는 에고의 몸부림이고 나를 방어하는 수단이었으리라. 내가 내 감정에 책임을 질 수 있음에도 불구하고 내 감정의 힘을 타인에게 넘겨주었다. 남편이 틀렸다고 상대방에게 화살을 돌리는 나의 태도에도 문제가 있다. 어떤 사람이나 사물에 대해 비난한다면 힘을 상대방에게 주는 것으로서 희생자가 된다. '삶의 주인이 나인데 왜 상대방에게 힘을 주지?'란 생각에 그때부터 주체적으로 삶을 살아가자고 생각하여 달리기의 중요성을 대뇌의 전전두엽에 크게 각인시켰다. 달리기는 유산소 운동이기 때문에 계속하면 살이 잘 붙지 않는다. 전두엽Frontal Lobe의 안쪽은 동기를 심어준다. 자발성, 진취, 자주성, 의욕과 추진력이 달리기를 통해서 강하게 생겼다. 나의 뇌의 전두엽이 그때 소리를 지름과 동시에 활성화된 듯했다.

중년 여성들은 몸에 대한 스트레스가 많다. 누군가에게서 사랑과 인정을 받지 못하면 기존의 자발성, 진취, 자주성과 의욕 추진력이 떨어진다. 신체적으로 극심한 변화를 맞이하는 중년이 20대와 30대와 다른 몸을 보면서 비난하는 것이 가장 큰 스트레스다. 그래서 몸을 가꾸기 위해서 성형이나 보톡스, 여러 가지 미용을 통해서 자신을 바꾸는데 결국은 자신 내면을 바꾸지 않고 겉모습만 바꾸려고 하면 불만족하는 감정이 그래도 남아 있다. 자신 모습이나 감정을 있는 그대로 받아들여 주는 것이 좋다. 스트레스는 단지 있는 그대로의 자신을 받아들일 때 사라진다. 스스로 인정하는 순간 사라진다. 남에게 인정받는 것은 끝도 없다. 하지만 일단 외모보다는 몸의 건강과 체력을 위해서 운동하는 것은 너무나도 중요하다. 비만이 많은 중년 여성들은 비만 때문에, 건강과 사랑받지 못할 염려, 여자로서 자긍심 등이 낮아짐으로 인해 더 스트레스를 받는다.

한국 여성의 비만 인자가 60대는 43.2%, 50대는 34.7%, 40대는 24.4%, 30대는 13.5%, 20대가 18.5%다. 국민건강보험공단의 2008년 자료는 비만으로 인해 건강상 문제 유발 요인이 많아진다고 발표했다. 비만은 관상동맥 질환이 늘고, 성인병, 만성 퇴행성 질환등을 일으킨다. 특히 체지방량의 총량 그 자체보다 피하조직 이외의 부위에 축적으로 인해 복부 비만이 여러 가지 병을 일으킨다. 당뇨병, 고혈압, 고지혈증 등의 대사성 질환과 심혈관계의 질환을 증가시켜(Reaven, 1989) 암 발생률을 증가시켜 수명을 단축하게 한다. 여성으로서 몸에 복부지방 때문에 어

운동화 지금 당장 신으세요!

디가 불편한 신체 증상이 생기면 스트레스가 최고조가 된다. 우선 먼저 건강해져야 한다. 건강이 받쳐줘야 일단 삶의 의욕이 생겨 계속 달릴 수 있다. 달리기가 가장 좋은 것은 열받거나 뭔가 스트레스받으면 어떤 복장이든 잠시 나가서 뜀박질하고 오면 감정이 사라져 스트레스가 줄어든다.

살면서 충돌이 없는 사람이 어디 있겠느냐마는 마흔 이후의 여성들에게는 스트레스가 많이 생길 수밖에 없다. 팔팔하던 20대와 30대의 모습은 어딜 가고 먹으면 바로 살이 찌는 비만 체질로 가기 때문에 운동을 하지 않으면 점점 움직임이 둔해지고 먹는 것에 집착하게 되고 살이 쪄서 마음이 울적해진다. 일단 달려서 그 울적한 마음을 달래야 한다. 스트레스를 끄지 않으면 계속 외부에서 "키가 작다. 살이 쪘다. 얼굴이 왜 그렇게 칙칙하냐." 등등의 공격이 들어오면 자존감이 낮아져 스트레스가 극심해질 수 있으니, 오늘부터 1분만 천천히 달려보자. 걷는 것과 달리는 것은 차이가 있다. 온몸의 세포를 금방 깨울 수 있는 게 달리기다.

일단 남편과는 공감적 미러링이 부족하다는 것을 달

리기를 통해 알 수 있었다. 불편한 감정은 뇌에 타인의 감정을 경험하게 하는 특별한 뇌세포 '거울 뉴런'을 사용 안 했기 때문이다. 달리기하다보면 이런 스트레스에 대처할 수 있다. 상대방을 이해하게 되는 거울 뉴런이 발달한다. 누군가가 우는 것을 보면 슬퍼지고, 웃는 것을 보면 미소를 짓고, 화내는 것을 보면 따라서 화내는데 이때 상대방을 따라 하는 것은 "너를 이해하고 있으며, 나의 언어로 이야기할 것이며, 우리는 같은 경험을 하고 중이야."라고 말하는 것이다. 달리기는 그렇게 상대방을 공감해 주지 못한 자신을 반성하게 해준다. 당연히 사과하면서 스트레스를 지우게 된다. 그래서 우리가 원래부터 부여받았던 타인에 대한 공감 능력을 키우게 된다. 나의 경우 남편이 술을 먹었던 사실을 전제하고 갈등 상황에서 바로 '미러링Mirroring'을 해서 맞춰주면서 공감을 해주는 편이 좋았을 것이다. 하지만 이러한 갈등 경험으로 달리기하면서 새로운 나로 태어날 수 있는 계기가 되었으니 그 또한 좋은 것이다.

상대방이 나와 다른 주장을 내세워 맞서 싸우려고 할 때 나가서 달릴 수 있는 상황이 되면 차라리 뛰고 오면 감정의 풀이 한 풀 꺾여서 갈등이 잘 안 생긴다. 서로를 적으

운동화 지금 당장 신으세요!

로 생각하지 말고, 자신 안에 있는 감정을 바라보게 하는 것이 달리기다. 스트레스 해소 도구 중에 최고가 달리기다. 운동도 하고 타인을 다치게 하지도 않는 가장 좋은 운동을 지금부터 시작해보자. 달리기는 누가 잘못했는지, 누가 옳은지는 상관없다. 한 사람이 다른 사람에게 맞춰주고 사과하고 공감해 주는 순간 유대감이 생기면서 싸움과 갈등이 일어나지 않는다. 달린 후에 가정에 평화가 찾아왔다. 이제는 스트레스받으면 일단 '뛰어'를 외치자.

# 세상에서 가장 안전한
# 화풀이 도구

스트레스를 받지 않고 사는 사람은 없을 거다. 많은 사람들이 도시 생활을 한다. 도시에는 소음이 많기 때문에 스트레스가 자연적으로 유발된다. 예전에 시골의 전원주택에서 8개월 동안 살았던 적이 있다. 주변에는 아무런 소음이 없고 오직 자연의 소리, 바람 소리, 새소리, 계절이 바뀌는 소리만 존재했다. 시간은 거의 멈춘 듯, 하루가 천천히 갔다. 자연 속에서 느릿느릿 걷고, 농사를 짓는 운동을 하니 몸과 마음이 정화되는 느낌이 들었다. 아이들도 그때가 살면서 가장 행복했다고 한다.

30대 때는 아이들을 키우려고 전원으로 잠시 내려갔지만, 다시 교육 때문에 도시로 와서는 스트레스가 많았다. 운동을 따로 안 한 것이 원인이었다. 도시에 와서 아이들 학교 보내고 운동을 따로 할 시간을 확보할 마음의 여유가 없었더니 확실히 스트레스에 노출이 많이 되었다. 화를 해소할 길이 없었다. 아이를 키우면서 화가 많았다. 내면을 치유하지 못한 채, 화를 속으로 삭였다. 지금에 와서 생각해 보면 그때는 왜 운동을 할 생각을 하지 못했는지 반성하게 된다. 지금이라도 알았으니 다행이다. 스트레스에 가장 좋은 도구는 운동이다. 그중 유산소 달리기가 가장 안전하고 좋은 화풀이 도구다.

육아도 하면서 집안일도 해야 하고 직장까지 있는 여성들은 스트레스가 보통 여성들보다 배가 될 것이다. 아이들이 다 큰 40대와 50대의 여성들도 아이들을 다 키우고 나서 허전한 마음과 폐경기 때문에 스트레스 호르몬, 코르티솔이 많이 분비된다. 이때 운동을 하면 스트레스가 많이 경감된다. 운동하는 40~50대 여성들을 만나면 거의 우울감이 없다고 한다. 운동을 통해서 스트레스를 많이 해소하기 때문에 화를 많이 내지 않고 평온하다.

화가 많이 난다는 것은 내면에서 불만족이 많다는 뜻이다. 조용히 산책하는 것이 스트레스를 가장 확실히 풀 수 있는 방법이라고 설문조사에서 밝혀졌다. 도시에 사는 사람들은 산책할 시간을 따로 내기 어렵다. 따로 시간을 내려면 마음의 여유가 있어야 하는데 요즘은 사회적 분위기로 운동을 하기 위한 환경이 많이 차단되었다. 학교에서마저 아이들 체육이 없어져서 더욱 운동의 중요성이 낮아졌다. 도시에서 시간을 내려면 바쁜 시간을 쪼개야 하는데 아침부터 저녁까지 모든 사람들이 바쁘다. 어디로 향하는지도 모르고 그저 바쁘다. 시간은 무한정 그냥 간다. 어디로 가는지 가는 길이 맞는지 생각해 볼 시간을 마련하지 못해 사람들은 화가 난다.

스트레스는 고요하게 있으면 별로 생기지 않는다. 조용한 새벽 홀로 깨어서 책을 보거나 달리기할 때에는 다들 자고 있어서 소음이 없다. 그때는 자신을 가장 잘 볼 수 있어서 40대 이후에는 매일 새벽에 일어난다. 스트레스를 피해 나만의 시간을 가지는 것이 하루를 잘 살기 위해 너무나도 중요하다. 스트레스는 일단 사람들이 일어나서 움직이면 생긴다. 도시 생활하면 다들 어디론가 가면서 수많은

운동화 지금 당장 신으세요!

생각에 하루라도 정신이 좀 쉴 시간이 없다. 명상이라도 할 시간이 있으면 좋으련만 지각하지 않기 위해 아침마다 뛰어다니는 아이들과 직장인들을 보면 안타까울 정도다. 도시에서 빠르게 돌아가는 시간 속에 살고 있으니 어쩔 수 없이 스트레스가 생긴다. 스트레스를 없애는 가장 좋은 방법은 운동이다. 의사들도 병원에 진찰을 받으러 가면 대부분 처방이 운동하라고 한다.

왜 그럴까? 운동을 하지 않으면 스트레스가 유발되고 그 스트레스가 질병을 유발한다는 것을 알기 때문이다. 별다른 증상이 없는데 몸이 어딘가 불편하다면 운동을 꾸준히 하자. 업무 때문이든 스스로 느끼는 강박관념이든 누구나 스트레스를 피할 수 없다. 스트레스가 생기는 상황을 잘 인지하고 적극적으로 해결하는 수밖에 없지 않은가.

다행히도 허핑턴포스트는 2014년 11월 기사에서 스트레스를 해소하기 위한 전문가들의 조언을 모았다. 스트레스 해소법 100가지를 보고 다 실행하려면 또 다른 스트레스가 될 것이다. 자신에게 좋다고 생각하는 것에 동그라미를 치고 실천해 보자. 100가지를 다 해볼 생각은 접는다.

부담 없이 한번 훑어보라. 쉽게 실천할 방법 몇 가지를 선택하면 좋을 것이다. 혹은 빈칸에 자신이 뭘 할 때 가장 행복한지 자신만의 스트레스 해소 방법을 마련하자.


1. 걱정거리를 종이에 적고 잊어버린다.
2. 오렌지 껍질을 벗겨보라. 시트러스 향은 스트레스를 줄이는 데 도움 된다.
3. 약 6분간 책을 읽어라. 스트레스받는 순간에 책은 생각을 잊게 해준다.
5. 공원이나 초록색을 볼 수 있는 곳에서 산책하라.
6. 친한 친구와 외출하라.
7. 자신의 숨소리에 잠시 귀 기울여보라.
8. 짧은 시간이라도 낮잠을 자며 휴식을 취하라.
9. 애완견을 일하는 공간으로 데려가라. 실제 애완견을 사무실에 데려갔더니 스트레스 지수가 낮아졌다는 연구 결과가 있다.
10. 클래식 음악을 감상하라.
11. 아로마 향을 맡는다.
12. 한바탕 웃어라.
13. 마사지를 자신 몸을 위해 받아라.

운동화 지금 당장 신으세요!

14. 사람들을 안아주라.

15. 노래방에서 신나게 노래를 부른다.

16. 혹은 교회의 성가대에서 찬송가를 부른다.

17. 수공예 작업에 도전한다.

18. 뜨개질한다. 뜨개질하면 생각이 정리되고 두뇌 회전에 도움 된다는 연구 결과도 있다.

19. 마음을 가다듬는 명상을 잠깐씩이라도 하라.

20. 사랑하는 사람과 사랑을 나눈다.

21. 쓸데없는 이메일을 수신 거부한다.

22. 사랑하는 이와 키스를 해라.

23. 엄마와 통화를 한다.

24. 스트레칭을 한다.

25. 초콜릿 명상에 도전해 보라. 초콜릿 상자를 열고 향을 음미한다. 예쁜 초콜릿 조각을 하나하나 감상한다. 초콜릿을 입에 넣고 맛을 천천히 음미한다. 초콜릿은 300가지 이상의 다양한 맛이 들어 있다.

26. 이메일을 보지 말라.

27. 당신에게 실수한 누군가를 용서해 보라.

28. 감사할 일을 일기장에 쓴다.

29. 운동하라. 운동하면 스트레스를 해소하는 힘이 상승한

다는 연구 결과도 있다.

30. 성질내고 화낸 후에 얼마나 후회스러울지 생각해 보라.

31. 홍차와 캐머마일 차를 마셔라.

32. 스마트폰 사용을 잠시 중단하라.

33. 실제 행동으로 보여줘라.

34. 오렌지 주스를 마신다.

35. 껌을 씹는다.

36. 살면서 가장 중요한 것이 무엇인지 상기한다.

37. 오메가 3(들깨)가 풍부한 음식을 먹는다.

38. 종교가 있다면 신앙에 의존한다.

39. 스트레스가 적은 직업을 한번 찾아본다.

40. 여행을 떠나라.

41. 도보 혹은 자전거로 출근한다.

42. 자연의 소리를 듣는다.

43. 오트밀을 먹는다.

44. 오일 풀링을 한다.

45. 다른 이에게 미소를 지어라.

46. 차분하게 이미지 트레이닝(거울 확언)을 해보라.

47. 사무실과 집에 식물을 키워라.

48. 필요하다면 울어라.

운동화 지금 당장 신으세요!

49. 다크초콜릿을 먹어라.

50. 분노를 해소하는 요가 자세를 따라 해보라.

51. 필요한 경우 "노No"라고 말한다.

52. 오르가슴을 느끼는 것도 중요하다.

53. 웃는 요가 수업에 참여한다.

54. 긍정적인 생각을 떠올린다.

55. 신나게 춤을 추라.

56. 따듯한 물에 몸을 담그라.

57. 숲을 걷는다.

58. 또는 바닐라 향을 맡는다.

59. 수영장 수면 위에 떠 있는다.

60. 깊이 잔다. 행복한 하루는 잠으로 좌우된다.

61. 책상과 집 안을 정리해 보라.

62. 아침에 일찍 일어나보라.

63. 말을 탄다.

64. 한 번에 한 가지 일만 한다.

65. 당신의 주변에 집중하라.

66. 애연가라면 담배를 끊어보라.

67. 유튜브로 숲속의 정경을 감상해 보라.

68. 해변으로 가라.

69. 스트레스의 원인이 되는 사람이 있다면 잠시 거리를 두라.

70. 긍정적인 생각을 스스로 되새긴다.

71. 줄에 서서 기다리는 짓은 하지 마라.

72. 사랑하는 사람과 시간을 보낸다.

73. 녹차를 마셔라.

74. 휴가 중이라면 상사에게 연락이 와도 신경을 쓰지 마라.

75. 나이 들어가는 것을 자연스럽게 받아들여라.

76. '무드 모니터링Mood Monitoring'을 시도해 보라. 자신을 괴롭히는 스트레스 원인을 종이에 적고 2분 후 다시 적으면서 감정적인 부분을 정제하는 훈련이다.

77. SNS를 잠시 중단한다.

78. 가벼운 욕을 한다. (회사에서는 제외)

79. 친구와 음식을 만들어 먹는다.

80. 숨을 깊게 들이마시고 내쉰다.

81. 아니면 소리라도 지른다.

82. 웃기는 표정을 짓는다.

83. 잠시 눈을 감고 휴식을 취한다.

84. 머리를 빗는다.

85. 다른 이에게 선행을 베푼다. 남에게 좋을 일을 하면 자

운동화 지금 당장 신으세요!

신에게 돌아오게 마련이다.

86. 가끔 침묵을 즐긴다.

87. 종이에 솔직한 심정을 적고 구겨서 버린다.

88. 파란색 물건을 바라본다.

89. 옛날 사진을 본다.

90. 스스로 스트레스받는 요소를 정리한다. 스트레스의 원인이 생길 환경을 미리 피한다.

91. 밖에 나가 달린다.

92. 색칠 공부를 한다. 이것이 아이들한테만 유익한 것은 아니다.

93. 고양이나 강아지를 키워라.

94. 창밖을 바라보라.

95. 스트레스를 줄이는 전문 앱이나 프로그램을 활용하라.

96. 상상하라. 마치 영화 속 주인공이 된 듯한 상상을 펼쳐 보라.

97. 1부터 10까지 세라. 그리고 다시 거꾸로 세보라.

98. 햇빛을 만끽하라.

99. 점심시간을 충분히 활용하라.

100. 스트레스가 심하다고 느끼면 전문 상담가를 반드시 만나보길 권한다.

가장 좋은 스트레스 해소 도구는 여러분이 생각하는 행복해지는 활동이다. 만약 지금 당장 떠나고 싶다면 한번 주말을 이용해서 어디론가 떠나서 새로운 곳에서 달리기를 해보자. 아침 해가 뜰 때 새로운 여행지에서 태양을 맞이하면서 달리는 것은 마흔 이후의 삶을 새롭게 재정의하게 될 것이다.

운동화 지금 당장 신으세요!

# 나도 모리셔스 바닷가
# 가고 싶어

"신은 모리셔스를 창조했고, 그다음으로 천국으로 만들었다"

'모리셔스를 먼저 창조한 신의 의도는 뭐였을까? 모리셔스가 도대체 뭐기에' 책의 표지에 있는 것일까? '모리셔스 책에 등장한 인물을 어느 잡시에선가 봤는데.' 혼잣말을 중얼거렸다. 서점에 가서 달리기를 좋아하게 된 상태에서 책을 고르고 있었다. 그런데 어느 아리따운 여인이 모리셔스 바다를 달린다고 하는 문구를 보고 그 자리에서 집어 읽어 봤다. '안정은' 어디서 본 익숙한 20대의 젊은 여자다. '어

어디서 봤더라?'

닮고 싶은 롤모델이 있을 때는 사진을 구해서 저녁에 자기 전에 항상 보고 잔다. 언젠가는 꿈의 지도에다 달리기하는 사람들의 이미지를 많이 붙였다. 울트라 트레일 러닝을 하는 사람들의 사진, 풀코스를 완주하는 잡지의 이미지들, 건강하게 달리기하는 마라톤 대회의 모습이 건강한 몸을 가지게 되는 계기가 되었다. 시작은 이미지다. 어떤 꿈을 가지면 그 꿈에 대한 영상을 마음속에다 상영한다. 그러면 반드시 이루어진다. 달리기라는 꿈을 이루기 위해서 계속 조금씩 달렸다. 처음에는 쉽지 않았지만 매일 1분, 5분, 10분, 30분, 1시간 누적되다 보니 체력이 크게 좋아졌다. 달리면 스트레스도 풀리고, 자연에서 4계절의 변화를 느낄 수 있다.

나는 작가이긴 하지만, 꿈을 이루는 방법을 찾는 사람들을 코칭 하는 코치기도 하다. 〈미라클맵〉이란 나의 비밀 꿈 노트에 안정은 작가의 잡지 사진이 붙어 있었다. 안정은 작가는 달리기 전도사로 꿈을 이룬 사람들의 모습을 붙여 놨다. '나도 저렇게 되고자 하는 강한 열망'을 뇌에다 전

260                              운동화 지금 당장 신으세요!

송했다. 가슴 설레는 에너지와 합쳐질 때 꿈이 이루어진다. 꿈의 노트에 붙인 사진들이 대부분 자연에서 달리는 사진이 많아졌기에 많은 시간을 달리고 있을지도 모른다. 안정은이란 모델 포스가 강했다. 몸매도 예뻤다. 건강한 여성이 울산의 태화강을 달리는 모습이 잡지에 있어서 오려 붙이고 그것을 까맣게 잊고 있었다. 그런데 안정은이란 러너가 달리기 책을 낸 것이다. '많은 책 중에 왜 그 책이 눈에 띄었을까?'

모리셔스, 스위스, 발리, 샌프란시스코, 코타키나발루 등 달리기로 전 세계를 누비고 있는 러너 안정은 작가는 '런스타run star'로 불린다. '러닝계의 연예인'이다. 러닝 영상 조회 수는 인스타 86만 뷰, 유튜브 24만 뷰에 이른다. 러닝계의 유명 인사다. 그녀를 개인적으로 알게 된 계기가 작가 수업에서 안정은을 가르친 스승의 칭찬 덕분이었다. "예쁘기도 하지만 몸매도 좋고, 성격과 마음씨와 노력하는 마음은 사람들을 충분히 매료시킵니다." 청와대에서 강연까지 하고 정말 많은 사람을 달리기 세계로 입문시킨 20대의 아름다운 여성을 보면서 40대의 아줌마도 할 수 있다는 생각이 들었다. 안정은에 대해서 궁금해서 찾아봤다.

3년 전만 해도 그의 삶은 달리기와는 거리가 멀었다. 대학 졸업 후 전공에 맞춰 프로그램 개발자로 사회에 첫발을 내디뎠지만, 적성에 맞지 않아 6개월 만에 그만뒀다. 오랜 꿈이었던 항공사 승무원 시험에 합격하고도 비자 문제로 1년을 백수로 지내야 했다. 직장에서 문제가 생겨 안정은 작가에게도 힘든 나날이 많았다고 한다. 하루하루를 눈물로 밤새우던 고통스러운 시절이었다. 그런 그에게 우연히 시작한 달리기는 시련을 이겨낼 힘이 됐다. 승무원의 꿈을 제대로 펼쳐보지도 못한 채 마음을 접어야 했던 이때 운명처럼 만난 달리기는 그의 인생을 바꿔놓았다.

처음 달린 지 6개월 만에 첫 풀코스를 완주한 그는 마라톤 풀코스 7회 완주, 철인 3종 경기 완주, 그리고 27시간 동안 한라산 111km를 완주했다. 각종 대회에서 받은 완주 메달만 100개에 이른다. 이런 롤모델의 사진 덕분에 내가 마라톤 풀코스 10회 완주, 철인 3종 경기도 완주해낼 수 있었다. 그녀는 통영 철인 3종 경기를 도전했지만, 컷오프에 걸렸다. 그러나 중간에 포기하지 않고 칩을 빼고서라도 달렸다. 철인 3종 경기는 쉽지 않은 법이다. 수영에서 완전히 울면서 도전을 했다고 하니까. 이런 여성의 모습에서 비슷

운동화 지금 당장 신으세요!

한 점이 많았다. 나도 항공사에서 근무하고 학교에서 아이들을 가르치는 교사에서 작가와 번역가의 삶을 살고 있고, 강연하니 뭔가 끌리는 것이 있었을 것이다.

달리기로 성취감을 맛볼수록 자존감도 높아졌고 하고픈 분야가 있으면 스스럼없이 도전했다. 그 결과 지금은 러너, 마라토너, 칼럼니스트, 강연자, 모델 등 20대란 나이가 무색할 정도로 다양한 영역에서 활약하고 있다. 달리기를 하게 되면 안정은 러너처럼 다양한 꿈을 도전할 수 있는 엔도르핀이 나온다. 뭔가 여성 호르몬도 분비가 되는 듯하다. 정확하게 이름은 모르겠다. 하지만 확실한 건 그녀의 모리셔스 바닷가의 풍광이 나의 워너비인 것은 확실했다. 꿈이란 건 이렇게 다가온다.

칼융의 동시성인 듯했다. 관심이 가는 쪽으로 뇌가 움직이고 그것과 관련된 정보들이 모여서 현실에서 보이는 현상은 자주 겪는 일이다. 꿈의 노트를 만든 후 동시성이 자주 보인다. 아주 가까이에서 보는 듯 20대의 아름다운 아가씨가 모리셔스 바다를 달리는 화보는 나의 내면 간절한 욕구, '나도 저렇게 아름다운 아프리카 바닷가를 달리고 싶다'로 바뀌었다. 그런데 신기하게도 내가 세상에서 가장 존경하는 작가 로빈 샤르마가 낸 신간에서《5 AM CLUB》에서 모리셔스 바닷가를 묘사하기를 신의 첫 번째 창조물이 모리셔스 바다라고 할 정도로 묘사가 잘 되었다.

"God created Mauritius first, and then made a copy which he called heaven." 신이 먼저 모리셔스를 창조한 후에 천국이라고 불리는 짝퉁을 만들었다. 얼마나 아름다운 곳일까라는 상상이 될 정도지만 화보로 보니 감탄에 또 감탄을 금할 수 없었다. 너무나도 아름다워서 바다색에 반할 정도다. 우리나라에서는 신혼여행지로 사람들의 입소문을 타면서 알려지게 된 곳이다. 미국 현대문학의 대표 작가인 마크 트웨인도 자신의 저서《적도를 따라서》에 남긴 유명한 말인 신의 천국이 모리셔스라는 문구가 뇌리에 완전히 각인되었다. 달리기를 시작한 후에 거의 달리기와 사랑에 빠질 정도로 그렇게 달리기와 연애를 한다. 달리는 순간에는 모든 생각이 다 비워지는 듯하다. 명상에 잠긴다. 사랑하는 연인보다 더 애착이 가는 게 마라톤이다.

"진정한 사랑은 자기애가 아니다. 연인이 서로에게 자신, 그리고 자신의 삶을 열어주는 것이다. 성가시게 조르지도 않고, 고립되지도 않고, 거부하지도 않고, 집착하지도 않는다. 오로지 받아들일 뿐."

- 안토니오 갈라

나는 달리기를 하면서 진정한 연인과 사랑을 하는 느낌이다. 서로의 길에 자신의 삶을 내어주는 것, 길은 나에게 아무것도 요구하지 않고 그저 뛰라고 한다. 고립되지도 않게 하고 거부하지도 않고, 그저 집착도 없이 또 오라고 한다. 그래서 달리기는 나에게 정말 큰 매력이 있다. 그래서 매일 아침에 일어나서 달리고 또 달린다. 처음에는 운동으로 했지만, 이제는 길이 나를 부른다. 나를 사랑하는 애인이 언제나 나에게 손짓하면서 여기로 오라고 하는데 안 갈 여인이 어디에 있겠는가. 40대에 또 한 번 사랑에 빠졌다. 진정한 자기애는 스스로 하고 싶은 일을 하고 가고자 하는 길을 가는 것이라고 생각한다. 그래서 나는 꼭 나의 길, 모리셔스 바다를 달릴 것이다.

# 마라톤 풀코스도
# 두렵지 않아

"마라톤 풀코스는 아무나 도전하는 게 아니야."

"왜요?"

"다들 30km에서 구급차를 타고자 하는 유혹을 받아요."

"그런데 어떻게 완주하셨어요?"

아주 친한 편집장과 달리기에 관한 대화를 했다. 마라톤
을 완주한 무용담을 들으며 최근에 풀코스를 완주했단 소

리에 '남자니까 가능하겠지'라고 막연하게 생각했다. 마라톤은 올림픽 때 황영조 선수가 경기 마지막을 장식하는 넘사벽이라고 생각했다. 결코 여성인 내가 그것도 마흔에 완주를 할 수 있을 거라고 꿈에도 생각해 본 적이 없다. 편집장도 아주 유명한 작가가 30킬로 지점에서 응급차를 타고 포기했다는 기사를 읽고 용기를 냈다고 했다. 편집장은 그 작가를 존경하지만, 자신은 그 작가보다 자신감이 있었다고 했다.

끈기와 인내가 강한 작가도 못 달리고 포기하는 마라톤을 도전하게 하는 힘은 무엇일까? 도전하고자 하는 의욕은 남성만 생기는 줄 알았다. 그런데 말을 들어보니 여자인 나도 도전해 보고 싶은 생각이 들었다. '할 수 있다'라는 생각으로 30킬로 마의 지점을 무사히 통과한 이야기는 흥미로웠다. 마라톤 이야기도 남자들 군대 이야기처럼 처음부터 끝까지 고된 훈련이었지만 기억에 가장 남는 무용담 같은 것이다. 깡으로 통과하여 무사히 완주했다는 이야기는 편집장을 다음 마라톤에 또 도전하게 했다. 놀랍게 달라진 자신감으로 삶의 다른 새로운 도전을 마다하지 않았다. 마라톤 실행 동기는 편집장 덕분이다.

과연 42.195km를 달릴 수 있을까? 마음을 먹고 풀코스를 도전하고자 하는 내면의 욕구가 극에 달했을 때 주위 분들에게 물어봤다. 20킬로도 아니고 40킬로 이상을 달리는 것은 무리라고 생각했다. 우리 집(서울 동대문구)에서 차로 가평까지 가는 거리를 달려서 간다는 것은 상상조차 할 수 없었다. 1분 이상 달리기를 매일 했다. 계속 속도도 늘렸다. 달리는 시간도 10분에서 15분 늘렸다. 결국 달리는 것에 매료되었다. 매일 30분씩 달리고 나니, 풀코스는 도전할 수 있을 거란 자신감이 생겼다. '할 수 있을까'라는 생각 대신, '그냥 한 번 해보자'로 바뀌었다. '어렵다고 하는 것은 해보지 않은 것에 대한 두려움이야.', '모르니까 해보자'는 마음을 스스로 나 자신에게 냈다.

풀코스에 대해 자세히 정보를 수집했다. 완주자들 대부분이 하는 조언은 풀코스는 그냥 혼자 달릴 수 없으니 반드시 클럽에서 연습해야 한다는 것이다. 다들 공통으로 하는 말이라 잠재의식에 저장했다. 얼마 후 친구와 만났다. 대화 중에 내가 달리기한다는 걸 알고 있다면서 재미있냐고 물었다. 나는 온통 관심이 마라톤 풀코스 완주에 집중돼 있어서, "혹시 남편이 헬스 음료 사업을 하니 마라톤 동호회를 알아봐 달라"라고 친구에게 요청했다. 친구 남편의 지인이 마라톤 클럽의 회장이라는 말의 동시성에 신기했다. 전화번호를 받았다. 버킷리스트였기에 당연히 전화해서 "운동을 함께 해도 될까요?"라고 물었다. 당연히 환영한다는 말과 함께 풀코스는 쉽다는 것이다. 이미 몇십 년 훈련이 된 분들에게는 이 운동이 쉬운 것이다. 훈련의 비밀을 알 때까지 결코 멈추지 않으리란 각오가 섰다. 반드시 버킷리스트를 달성하게 되어 웃는 그날까지 마라톤 동호회에서 훈련했다. 완주할 수 있는 날까지 연습했다. 일요일마다 아침에 클럽에 가서 함께 달리니 혼자 달릴 때보다 지루하지 않았다.

마라톤에 관한 사연들은 하나씩 있다. 완주하기까지의 경험담은 평생 보물이라고 할 수 있다. 동호회에서 회원들에게 물어보니 다들 완주할 때의 충고나 조언들이 비슷했다. 그러나 한 가지 공통점은 "그냥 하면 된다."라는 것이었다. 그냥 하자. 나이키 광고의 'JUST DO IT' 같았다. 남들이 쉽게 하지 못한 것을 해낸 자신감과 자신과의 싸움에서 이긴 뿌듯함이 있지만, 자신과의 싸움에서 이겨야 한다. 다들 매주 훈련을 한 경험으로 함께 하는 힘이 있으므로 건강하게 달리기를 즐기고 있었다. 동호회 회원 중에는 100km 울트라 마라톤을 완주한 분들도 적지 않았다. 새로운 달리기 세계에 입문한 것이 그냥 감격스러웠다.

훈련이라는 혹독한 자신과의 싸움을 이겨낸 과정을 통과해야만 완주의 꿈을 이룰 수 있다. 처음 1킬로를 달리면 아직도 41킬로 이상 남았지만, 그 거리를 달리는 것을 지금, 이 순간에 집중하자는 수행으로 생각했다. '한 발짝 내디딘다.' 생각하면서 지금 이 순간에 집중하면 달리게 된다. 결국 해내게 된다. 단, 훈련이 되어 있어야 한다는 전제하에서다. 절대 무리해서 아무런 준비가 되어 있지 않은 상태에서 도전은 무모하다. '함께 가면 멀리 간다.'는 말이 진리인 듯했다. 혼자서 하면 못 하고 금방 포기할 것을 함께 운동해 아주 쉽게 해냈다. 내면은 강해졌다. 외부 신체의 감각들은 고통받았지만, 그 과정에서 얻은 교훈은 나에게 평생 보물이 될 것이다. 풀코스 완주가 철인 경기 완주로 이어졌다. 풀코스는 체력을 크게 키워준 고마운 운동이다.

"풀코스 4시간 30분을 목표로 하는 것은 마라톤 입문을 하여 첫 풀코스에 도전하는 분들의 목표일 것 같습니다."

운동화 지금 당장 신으세요!

"4시간 30분을 42km로 배분을 하면, 평균 1km당 6분 20여 초의 기록으로 완주하는 것입니다. 경험이 많은 주자라면 페이스 분배에 힘듦 없이 고르게 배분하여 4시간 30분을 즐겁게 완주해 낼 수 있지만, 처음 풀코스에 도전하는 분이 1km당 6분 20여 초의 개념이나 페이스 분배에 이해를 하는 것도 쉽지 않고 페이스를 원활하게 분배해서 달린다는 것이 절대로 쉽지는 않습니다."

"고수이건, 마라톤 풀코스를 100번 이상 달렸건 초반 페이스 조절은 누구에게나 힘든 부분입니다."

"초보 러너일수록 대회 출발 후 첫 1km 구간은 최대한 천천히 달리십시오. 권하고 싶은 1km 구간 기록은 7분 01초입니다. 6분대로 절대 뛰지 마시라고 권합니다. 7분 01초…… . 천천히 달리기가 전혀 어려운 일이 아닌 것 같지만 시합장에서 들뜬 대회 분위기 속에 자신의 페이스를 유지해 낸다는 것은 무척 어려운 일입니다. 누구나 출발 지점에서는 힘겨움이 적어 자신의 기량보다 빠른 속도로 시작하게 됩니다. 달리면서 몸의 가벼움을 느끼고, 시간상 원하는 기록보다 빨라지고 있기에…… . 그동안의 훈련으로 몸이 많이 좋아졌구나……. 오해도 하게 됩니다."

마라톤 연습을 할 때 Nike Run Club이라는 앱을 항상 켜고 속도를 보고, 달린 거리를 매일 기록했다. 그래서 6분은 뭐고 7분은 뭔지는 이해를 했다. 그런데 처음부터 속도 조절을 안 하면 나중에 지쳐서 완주 1km를 남겨놓고 1시간을 걸어서 들어오는 때도 있다고 했다. 이런 선배들의 조언은 초심자의 겸손한 마음으로 준비에 철저하게 임하게 했다. 그대로 따라서 속도를 조절했다. 처음부터 무리해서 달리지 않고 페이스를 유지하려고 노력했다.

하지만 실전에서는 모든 조언이 생각이 잘 안 나는 법이다. 함께 뛰어주는 러닝메이트가 있으면 좋을 것 같다는 생각에 비슷한 또래 친구들과 함께 도전했다. 함께 하면 고통이 덜할 것 같았다. 한국 미라클모닝 카페에 회원님들도 따라서 풀코스를 신청해서 함께 해주었다. 그것이 큰 힘이 되었다. 누군가가 다른 곳에서 뛰고 있지만 함께 한다는 것은 큰 응원이 되었다. 그 친구들도 30킬로부터는 젖산이 분비되어 몸의 피로가 쌓여서 포기하고 싶다는 말을 공통으로 했다. 달리고 나서는 큰 황홀감을 느끼는데

운동화 지금 당장 신으세요!

30킬로는 완전히 힘들다고 했다. 세계적인 베스트셀러 작가 '무라카미 하루끼'도 그의 저서 《달리기를 할 때 내가 말하고 싶은 것들》에서 마라톤을 이렇게 표현했다.

"Pain is inevitable. But suffering is optional."

"육체적 고통은 피할 수 없다. 하지만 마음의 고통은 선택이다."

마라톤은 러너스 하이runner's high도 느끼게 되는 장점도 있고 체력도 좋아지고 좋은 결과가 많지만 음이 있으면 양이 있는 법이다. 마라톤이 좋긴 하지만 분명히 고통은 존재한다. 신체의 한계를 뛰어넘어야 하기에 육체적인 기능에서 반드시 통증을 수반한다. 그러나 하고 나면 그 고통도 스스로 선택하는 것이라는 이상한 심리적으로 깨우침이 있기에 풀코스가 재미있다.

30km 이후부터 달리는 기쁨이 생긴다고 하던데 ……. 이런 얘기가 남의 얘기로 바뀐다. 정신적, 육체적 고통으로 마라톤에 환멸도 느낀다. 다음에는 절대 안 뛴다는

말을 하지만 또 뛰게 되는 중독성이 강하지만 건강은 아주 좋아지고 체력이 날아갈 것같이 좋아지는 모순이 존재한다. 30킬로에서 완주를 포기하는 사람들이 있다. 힘든 사람들은 걷거나 대회 포기를 하게 된다. 결국은 정신력 싸움이다. 마라톤 입문이 이렇게 힘들었으니 영원히 마라톤을 멀리하게 되는 부류와 정신이 강해져 계속하게 되는 두 부류로 나뉜다. 싫은 사람들은 주변인들에게 마라톤을 추천하지 않기도 한다. 이런 부류가 있기도 하지만 매력에 중독된 사람들은 평생을 달리면서 건강을 20대로 유지하면서 사는 사람도 있다. 어떤 일이든 양극단은 존재하니까.

함께 달리면서 사람들을 추월하는 느낌도 좋다. 내가 남자들을 이길 수도 있구나. 나에게 이렇게 잘할 수 있는 분야가 많다니……. 알 수 없는 희열이 느껴진다. 이제부터 자신감과 함께 주자들을 추월해 나가면서, 시합에서 달리는 즐거움도 생긴다.

페이스 분배만 잘하면……. 42.195km는 먼 거리가 아니다. 힘든 여정도 아니고 즐겁다. 풀코스 완주의 꿈을 가진 독자들은 꼭 완주해 보길 바란다. 경험이 있는 사람

운동화 지금 당장 신으세요!

들을 찾아 함께 뛰는 것이 도움이 될 것이다. 인생에 큰 양자 도약이 일어날 것이다. 자신과의 싸움에서 이긴 사람들은 올림픽 금메달을 딴 것보다 더 값진 인생을 살게 될 것이다.

# 내 인생의
# 페이스메이커

"힘 좀 빼세요"

최근에 고객에게 이런 말을 했다. 항상 긴장하면서 사업을 하고 있고, 몸이 굳어 보였다. 뭔가 삶에서 막힌 느낌을 받았다. 자동적으로 처방은 몸에 힘을 빼야 한다는 말이었다. 고객은 내 조언을 그대로 받아들여 그때부터 힘을 빼는 연습을 했다. 하루에도 수십 번씩 이렇게 외쳤다. 잠재의식은 상대방의 에너지를 읽는다. 본능적으로 이런 자기 암시를 통해서 힘을 빼야 했다. 이 힘은 근육을 긴장시키게 하는 힘이다. 말이나 움직임 즉, 운동을 통해 근육의 긴장을 빼

운동화 지금 당장 신으세요!

야만 했다.

"나는 편안하다."
"나는 여유롭다."
"나는 건강하다."
"나는 긍정적이다."

사토 세이지라는 치과 클리닉 원장은 환자들의 턱관절증을 치료하다가 어떤 말을 사용하는가에 따라 몸이 이완되기도 하는 것을 알아냈다. '말랑말랑', '하늘하늘'과 같은 말을 의식적으로 사용하면 근육도 점점 부드러워진다는 걸 발견했다. 힘을 빼라는 말도 많이 사용한다. 자신의 의지로 힘을 빼려고 해도 뺄 수 없으니, 치과의사는 고객들에게 근육의 힘을 빼라고 페이스메이커를 해준다. pace, face 둘 다 비슷한 발음이다. 속도와 얼굴은 근육에 힘을 주게 하고 빼기도 한다. 살면서 이렇게 조언을 해주는 사람들이 옆에 있는 건 큰 행운이다.

삶을 살아가면서 옆에 같이 달려주는 페이스메이커가 있는 건 축복이다. 러닝메이트는 가족이 될 수도 있고,

친구가 될 수도 있고, 부모가 될 수도 있다. 중요한 건 인생이라는 마라톤 같은 긴 경기에서 목적지에 가기 위해서는 속도 조절이 필요하다. 과속하고 있다고 내비게이션의 여성이 안내해 주는 것처럼 우리 몸도 휴식이 필요하다고 이야기하는 것은 통증이다. 휴식과 이완을 취하지 않고 무조건 달린다면 자동차의 엔진은 어떻게 될까?

나의 고객에게는 러닝메이트가 없었다. 그동안 혼자서 사업을 하느라 속병을 앓았고, 고민이 있어도 누군가에게 이야기 하지 못했다. 페이스메이커를 찾았고, 고객은 나를 찾아왔다. 찾아온 상태의 고객은 몸의 이곳저곳 특히 허리와 무릎이 아프다는 통증을 호소했다. 근육 운동만 해서 근육은 형성이 되었지만 몸의 통증은 지속되었다고 한다. 그래서 처방한 것은 달리기였다. 매일 조금이라도 달려보라고 처방을 내렸다. 달리면서 자기암시를 하라고 했다.

자신의 목표나 삶의 방향성, 긍정적인 문구를 달리면서 외치라고 했다. 매일 그렇게 달리기했다. 신기하게 달리고 나서는 사업도 잘 되고 몸의 통증이 언제 그랬냐는 듯이 사라졌다. 누군가 자신에게 "지금 몸이 굳어져 보이니

운동화 지금 당장 신으세요!

운동하세요"라고 옆에서 이야기 해주는 페이스메이커, 즉 페이스 조절하라고 옆에서 같이 뛰어주는 사람이 있다면 정말 행복할 것이다. 건강을 챙겨주는 사람이 있는가. 운동 처방을 하는 사람 중, 제때 적절하게 올바른 관점으로 나의 페이스메이커를 해주는 사람들이 주변에 있는가? 지금 몸에 통증이 있고 근육이 형성되지 않고 계속 체지방만 늘고 있는 사람들은 페이스메이커가 필요하다. 몸과 마음을 방치하도록 놔두게 하고 "많이 먹어라."만 외치는 사람들이 주변에 많다면 분명 삶의 무게가 가볍지는 않을 것이다.

우리는 살면서 몸에 힘을 많이 주고 산다. 스트레스를 받으면 성인에게는 근육통이 생긴다. 근육이 긴장해서 몸에 잔뜩 힘을 주기 때문에 근육이 뭉친다. 근육이 딱딱하게 굳어서 풀어주지 않으면 통증이 심해진다. 대부분 잠을 자거나 쉬면 없어지는 통증을 그대로 방치하면 불편함을 일상에서 느끼게 된다. 누군가가 옆에서 힘을 좀 빼고 운동하라는 말을 해주면 뇌가 인식하고 운동할 때 긴장하지 않고 편안하게 즐기면서 재미있게 해서 정신도 좋아지고 몸도 좋아진다. 하지만 운동을 경쟁에서 꼭 이겨야 하는 승부 욕구로 바라본다면 통증이 지속된다. 운동선수들은 오래 경기하지 못하고 은퇴한다. 이유는 힘을 많이 줘서 근육이 불편하여 신호를 보내서 쉬게 만들기 때문이다.

몸에 힘이 들어가 신체의 30~45%를 차지하고 있는 근육이 딱딱해지고 굳으면 턱, 목, 어깨, 허리, 무릎 등의 통증이 심해진다. 그동안 유산소는 하지 않고 근육 운동만 한 몸을 그대로 방치한 것이다. 병원에 가도 원인을 모르는 통증을 달리기가 사라지게 했다. 달리기는 몸을 터는 운동이다. 아기의 말랑말랑한 근육은 유연하고 부드럽다. 통증이 안 생긴다. 아이들은 뛰어다닌다. 근육을 살살 흔들어 주는 행동을 매일 아이들은 하기 때문에 통증이 심하지 않다. 매일 뛰어다니면서 운동을 하니 아이들은 잠도 잘 잔다. 현대인들은 자동차에 대중교통의 발달로 걷거나 달리기를 하지 않는다. 당연히 근육이 딱딱하게 굳어있다. 이것이 만성 통증을 불러일으켜 일상생활을 완전히 건강하게 누리지 못하게 만든다.

사는 속도가 빨라서 이렇게 더 빨리 달리다간 번 아웃된다. 일에 몰두하던 사람이 정신적 육체적으로 극도의 피로를 느끼고 이에 따라 무기력증, 자기혐오, 직무 거부 등

운동화 지금 당장 신으세요!

에 빠지는 증상을 말한다. '연소 증후군', 혹은 '탈진 증후
군'이라고 하는 번 아웃burn out에 대한 해결책은 페이스메
이커다. 옆에서 속도를 늦추라고 이야기 하는 페이스메이
커가 있는 사람은 행운아다.

달리기를 가볍게 살살 하자. 약한 강도로 조금 빨리
걷는 것처럼 몸을 살살 털면서 가볍게 근육을 푼다고 생각
하면서 하루에 한 번이라도 조금 움직여 보자. 그러면 여
러분의 건강은 놀라보게 좋아질 것이다. 이 책이 여러분에
게 페이스메이커가 될 수 있기를 바란다.

# 더 멋진 인생을
# 위하여

"나는 반드시 빅 리그 선수가 된다."

"나는 반드시 이 경기에선 내가 최고가 되게 축구 경
기를 펼친다."

"나는 세계 최고의 골프 선수가 된다."

"나는 살기 위해 든다."

"나는 반드시 침착하게 잘한다."

운동화 지금 당장 신으세요!

5명의 운동선수의 자기 긍정 암시문이다. 누구 것인지 짐작 가는가? 박찬호, 박지성, 타이거 우즈, 장미란, 김연아 스포츠 스타들의 긍정 확언이다. 확언과 암시는 같은 말로써 확실한 언어로 자신의 잠재의식에 꿈을 이루기 위해서 주문을 거는 기도다. 우리는 어떤 불가항력적인 힘을 믿지 않을 수 없다. 이 세상을 움직이는 힘이 단순히 눈에 보이는 것 이외에 뭔가가 다른 것이 있는 듯 보인다. 운동하는 사람들은 자신의 기량을 더 높이기 위해 자기 암시를 건다. 확실히 자신이 잘할 거라고 믿는 믿음과 확신으로 확언해서 말의 힘을 증대시킨다.

김연아 선수도 항상 메이크업하면서 1시간 동안 자기 암시의 주문을 건다. 운동을 하면 몸에는 긍정적인 영향력이 생긴다. 명상하고 기도하면서 생각을 비운 듯 모든 상념이 사라지고 그 자리에 꿈이 심어지면 태산도 움직일 수 있는 힘이 생긴다. 나는 철인 3종 경기를 완주하리라 생각도 못 했다. 너무 어렵고 남자들도 하기 어려운 운동이기에 경기에 참여하는 데 의의를 두겠다고 생각했지만, 잠재의식 깊은 곳에서는 반드시 완주할 수 있다는 것을 알았다. 그래서 자기 전에 골인하는 지점만 상상했다. 반드시 버킷리스트를 달성해야겠다고 암시를 강하게 걸었다. 그 결과 놀라운 힘이 나왔다.

운동을 조금씩 매일이라도 하면서 생긴 변화는 꿈이 생겨서 활력이 넘친다는 것이다. 꿈과 관련된 사람들과 만나고 그들과 교류하고 환경이 긍정적으로 바뀐다. 적극적으로 살게 되니 자신감이 넘쳐서 주변 이웃들이 어떻게 하면 그렇게 살 수 있는지 물어본다. 그래서 마흔 이후의 여성들이 꿈을 포기하는 것을 막기 위해 그 자리에서 다음과 같은 강의를 해준다.

간절히 원하는 꿈은 무엇인지 물어본다. 그 자리에 없으면 찾아서 종이에 반드시 적어서 지갑에 넣어준다. 그러면 신기하게 나중에 만난 분들이 그 꿈들이 이루어졌다고 이야기를 한다. 자신의 꿈을 정성스럽게 종이에 적어서 지갑에 들고 다니는가. 그런 사람들은 삶이 재미있을 것이다. 그래서 책을 읽으면서도 더 나은 방법이 있는지 확인하기 위해서 독서한다. 물론 자신 몸을 방치하지 않고 꾸준히 뭔가를 행하고 운동도 할 것이다. 만약 목표를 적어둔 종이가 없다면 괜찮다. 이제부터라도 적어서 자주 보자.

운동화 지금 당장 신으세요!

뚜렷한 목표 없이 하루를 살면 꿈은 어느새 다른 곳으로 도망간다. 다른 사람이 간절하게 원하면 자신의 꿈은 간절히 원하는 사람에게 가서 그들이 이루게 한 다음, 우리가 그들을 보게 만들어 주는 것이 자연의 이치다. 만약 내가 상상하고 바랐던 꿈을 나보다 못한 사람들이 실현하고 이루었다면 어떤 느낌이 들까? 그들은 행동했고, 목표가 없는 사람들은 어렴풋이 저렇게 살고는 싶지만 행동하고 싶지 않은 게으름이 있지는 않은가. 우리가 상상한 것들은 반드시 현실에 나타난다. 대부분 하루 종일 무슨 상상을 하면서 사는지를 살펴보자. 더 멋진 인생을 살기 위해서는 자신이 바라는 꿈을 이룬 사람들의 이미지를 자주 보는 것이 좋다. 그리고 그 꿈의 단서가 오면 행동한다.

타이거 우즈는 6살 때부터 매일 밤 자기 전, 골프에서 승리하는 장면을 상상했다. 아버지가 우즈에게 잠재의식에 승리하는 장면을 각인시키기 위해 테이프로 긍정 암시를 녹음해 주었다. 다음과 같은 말을 매일 자기 전에 듣고 아침에 일어나니 꿈이 이루어졌다. 이것이 과학적 근거가 약해 보이는가? 전혀 그렇지 않다. 나도 풀코스 완주를 했을 때 매일 밤 자기 전에 풀코스 완주하는 것을 상상하고

285

글로 적었다.

나는 이기기 위해 경기한다.

나는 확고한 신념과 결단력이 있다.

나는 장애물 앞에서도 웃음 짓는다.

나는 내 의지가 태산도 움직일 것이다.

나는 내 안에 할 수 있다는 믿음이 있다.

나는 타인의 기대를 귀담아 듣지 않는다.

지금 충분히 잘하고 있더라도, 앞으로 더 잘 할 수 있다.

모든 것은 있는 그대로다.

나는 운동에 중독되었다.

내일이 위대한 것은 오늘보다 더 잘 할 수 있기 때문이다.

타이거 우즈는 아버지의 녹음 덕분에 골프를 잘 치는 사람이 되었다. 꿈을 상상하고 초점을 하나에 맞추고 어떤 것도 자신을 방해하지 못하도록 하면 꿈을 이룬다. 마음의 초점을 골프공이 홀에 들어가는 장면에 맞추자. 여러분의 꿈은 무엇인가? 죽기 직전에 이것을 하지 않아서 후회할 것들이 있는가? 위대한 철학자 조지 버나드 쇼는 자신의 묘비에 이렇게 적었다.


"꾸물꾸물하다가 내 이렇게 될 줄 알았다."


영국의 극작가이자 비평가인 조지 버나드 쇼는 인생을 정말 열심히 살았다. 노벨 문학상을 수상할 정도면 정말 열심히 글을 쓰고 꿈을 이뤘는데도 후회가 남는 것 같다. 지금 꿈을 꾸고 실행하지 않으면 자신의 묘비명이 뭐라고 적힐지 한번 진지하게 생각해 보기 바란다. 남들이 바라는 나의 삶이 아니라, 내가 바라는 나의 삶은 무엇인가? 진짜 내면 깊이 울리는 마음의 소리는 무엇인가? 이 소리를 따라서 자신의 영혼이 원하는 걸 해주지 않으면 결국 뭘 해도 공허하게 될 것이다.


항상 끝에서 생각하자. 미래에 가서 지금을 보면 뭘해야 할지 목표와 꿈이 나온다. 최후에 어떻게 될지를 한번 진지하게 조용히 자신만의 시간을 가져보기를 바란다. 40대와 50대는 인생의 하프 타임을 달려왔고 앞으로 하프 타임을 시작해야 한다. 나이는 숫자이지만 열정은 숫자가 없다. 누구라도 지금 시작하면 큰 열정과 꿈에 대한 간절한 의욕으로 성공한 사람들 부럽지 않게 자신다운 인생을 살 수 있다. 그 시작이 운동이다. 먼저 몸을 조금씩이라도 움직인다. 택시타야 할 거리를 빠른 걸음으로 유산소 운동을 해서 태양에서 광합성을 10분이라도 하면 수면의 질도 좋아진다. 자외선이 걱정된다면 선크림이나 모자를 쓰자. 지금 시작해 보길 바란다. 우물쭈물 미루고 있는 것은 없는지 만약 지금 운동하지 않고 산다면 미래는 어떻게 될지 상상을 자주 해보자.

운동화 지금 당장 신으세요!

# 나는 내일도
# 달린다

"운동을 하지 말아야 합니다."

"운동을 하면 근육이 굳어집니다."

"강한 운동을 하지 마십시오."

최근에 어떤 책에서 일본의 의사가 운동하면 안 된다는 자신 생각을 고집하는 것을 읽었다. 분명히 의사도 어떤 식으로든 운동을 하고 있었지만 운동하지 말라는 이론을 책에 써서 독자들이 자칫하면 운동을 하면 몸의 어떤 부분이 안 좋아진다는 뜻으로 받아들여 가뜩이나 움직이지 않는 신체를 더 안 움직이게 될 것이다. 자신의 운동방식은 가만히 앉아서 귓불을 당기고 "말랑말랑", "하늘하늘"이란 단어를 쓰면 아이들처럼 근육이 말랑해져서 근육이 풀어진다는 자체 개발을 해서 환자들에게 시키니 도움이 되었다는 내용이다.

'운동을 진짜 하면 안 되는 것일까'라는 새로운 생각이 들어왔다. 매일 하던 운동의 강도도 낮춰보고 시간도 줄여보고 안 해보기도 했다. 결과적으로 운동을 안 하니 스트레스 지수는 올라가고 생각이 부정적으로 흐르며 삶의 의욕이 없어진다. 운동은 반드시 해야 한다는 결론을 몇 시간 만에 지었다. 책이나 매스 미디어나 주변에서 하는 소리를 너무 귀담아들으면 안 된다. 스스로 운동해서 기분이 좋아지고 건강해졌으면 운동하는 것이 백배 만 배 좋다. 운동이 좋은 건 아는데 안 하게 된다는 것은 몸을 방치하는 셈이다.

운동을 안 하면 생활의 활력이 안 생긴다. 생각을 포함하여 삶이 부정적으로 흐르는 것을 체험하고 운동하지 말라는 의사의 이야기에 반박하게 되었다. 대부분의 연구 결과가 운동을 통해 긍정적인 영향력을 받고 삶의 활력을

운동화 지금 당장 신으세요!

얻는다고 하고 실제 운동하는 사람들은 운동 전의 삶과는 완전히 다른 행복한 삶을 살게 되어서 너무 좋다고 한다. 움직임이 장수에 도움이 된다는 실험적 결과들을 무시하고, 운동하지 말라는 견해에 순응하면 운동을 안 하게 되는 사람으로 되어 나중에 후회한다. 기존의 좋은 습관이 부정적인 말 때문에 간섭받으면 생각에 지대한 영향을 주게 된다. 내면의 의식이 부정적인 영향을 받아 우리 신체에도 부정적인 영향을 끼친다는 것을 실험적으로 알아냈다.

나는 달리기를 통해서 매일 활력을 얻고 에너지를 얻어 하루를 활기차게 산다. 같이 달리기를 시작해서 병이 낫고, 몸이 좋아지고, 시험 성적과 회사의 실적이 좋아진 분들이 많다. 사업이 잘되는 것은 당연하고, 새로운 일에 거침없이 도전하는 사람들은 달리는 사람들이다. 얼굴에 웃음이 많고 사람들과 잘 지내는 사람들도 보면 거의 대부분이 운동을 한다. 운동처럼 좋은 습관은 유지하고 부정적인 생각의 나쁜 습관은 없애는 것이 좋다.

잡초도 작을 때 뽑는 것이 좋다. 달리기하다가 안 하는 사람들, 쉬었다가 달리기를 해보려고 하는 사람들은 힘들다고 한다. 그래서 아예 달리기를 포기하게 된다. 이 좋은 운동을 포기하여 건강을 유지할 수 있고 활력을 얻을 수 있는 운동을 여러 가지 이유로 그만둔다는 것은 안타까운 일이다. 차라리 힘들더라도 시간을 적게 하여 매일 달리는 것이 습관의 관성으로 그만두는 것보다 좋다.

많은 사람이 스마트폰으로 수많은 정보를 받아들이면서 누가 이것이 좋다고 하면 이런 운동을 해보고 저런 운동도 했다가 안 한다. 인터넷을 통한 잘못된 정보를 여과 없이 믿곤 한다. '달리기보다 걷기가 다이어트에 좋다'라는 말 또한 검증 없이 믿어버리는 현상이 늘고 있다. 텔레비전에서도 걷기가 좋아서 걷는 장면을 보여준다. 누구나 다 신체적 장애만 없다면 달릴 수 있는데 걷기는 기본적으로 걸어야 한다. 이것은 생존을 위해 필요한 당연한 생활이다. 걷기를 운동으로 포함하지 않고 당연히 해야 하는 움직임이라 생각하고 1분 만이라도 달리는 것을 추천한다.

달리기를 따로 시간을 내주어서 하면 운동을 하러 헬스를 끊을 필요가 없어질 정도로 하루에 필요한 운동량을 다 채운다. 결론적으로 말하면 같은 시간 내에 달리기와

운동화 지금 당장 신으세요!

걷기를 수행할 때 달리기가 월등히 좋다. 당연한 말이지만 달리기가 몇 배는 힘들다. 그러므로 운동이 된다. 요즘 사람들은 땀 흘리는 운동을 하지 않아서 질병에 취약하게 노출된다. 의사들이 운동을 권할 때 땀을 흘리는 운동을 일주일에 3번 이상 하라는 이유도 몸속에 노폐물이 땀을 통해 배출되기 때문이다. 걷기는 노인이 아닌 이상 어디까지나 활동의 범주이다.

체중 조절이 필요한 과체중 환자들에게 걷기를 권하는 이유는 평소의 운동 부족으로 1시간 달리기를 수행하기 힘들고, 몸무게로 인해 달리기하다 무릎 관절 이상이 생길 수도 있기 때문이다. 달릴 수 있다면 달리는 게 좋지만 그게 여러모로 무리이기 때문에 걷기나 자전거를 추천한다. 장시간 달리기를 강조하는 것이 아니다. 운동을 고강도로 하는 사람들은 고도로 훈련된 사람들이다. 여성은 특히 마흔 이후에는 중간 정도의 강도의 운동을 매일 짧은 시간이라도 해주는 것이 좋다. 습관은 마음에 지배받기 때문에 하루라도 안 하면 포기하고 싶어지기 때문이다. 딱 1분이다. 그것도 못 하겠으면 1초 달리기를 기억한다. 그래야 내일도 달릴 수 있다.

달리기는 분명 단시간 몸 근육을 키우면서 건강을 좋게 해준다. 하지만 처음부터 달리지 않았던 사람들은 절대 무리하지 않는다. 1초부터 늘려서 1분, 5분 이렇게 아주 저강도로 약한 조깅을 한 다음에 익숙해지면 거리나 속도를 늘린다. 운동을 전혀 안했던 사람이 처음부터 달리기했다간 자칫 다리나 무릎 고관절, 허리, 척추에 이르는 부위에 큰 부담이 갈 수 있다. 한마디로 달리기는 다리가 튼튼한 것은 기본이고 전신이 튼튼해야 잘 할 수 있다.

동일 시간으로 따지면 달리기는 칼로리 소모가 많으나, 근육에 비해 체중이 심하게 나가는 사람들은 되도록 오래 빨리 걷기가 부상의 위험이나 건강을 해치는 일 없이 운동할 수 있으므로 처음에는 조금 빨리 걷는다. 가급적 빠르게 걷는 상태를 통해 몸에 군살이 제대로 빠지는 시점부터 오랜 시간을 두고 차근차근 뛰면서 근육을 조절하고 키워주는 것이 정답이다. 달리기 시작하면 운동에 관심을 가지고 음식과 몸의 상관관계 등 전반적으로 건강에 신경을 쓰게 된다.

매일 달리고 싶은 사람들은 겨울에는 주의를 할 필요

운동화 지금 당장 신으세요!

가 있다. 그래야 계속 달릴 수 있다. 추운 아침에 나가서 많이 달리고 싶을 때는 몸을 따뜻하게 해 보온에 꼭 신경을 쓴다. 꼭 몸을 풀어주고 찬 공기를 미리 많이 들이마셔서 몸이 찬 공기에 익숙해지게 한 후 뛰는 것이 좋다. 기관지나 호흡기가 안 좋은 사람은 찬 공기로 인해 천식이 올 수도 있다. 겨울 아침에 나가서 뛰고 난 후 지나치게 호흡이 거칠면 속도를 낮추거나 걷는다. 스트레칭과 숨쉬기 운동을 통해 준비운동을 충분히 하든가, 아예 저녁 무렵에 뛰는 것이 바람직하다 할 수 있겠다. 해가 뜨는 낮에 운동하는 것도 좋다. 겨울철에는 주의를 요한다. 그래야 내일도 달릴 수 있다.

음식을 섭취한 직후에 달리기하는 것도 좋지 않다. 복통으로 빠르게 신호가 오는데, 이것은 식후 내장으로 가는 혈류가 증가해 내장으로 가는 혈류가 부족해진다. 비장에서 근육으로 혈류를 더 보내려 수축하는 과정 중에 통증이 느껴진다. 이러한 통증을 '결리다'라고 표현한다. 반대로 공복 상태로 지나치게 오래 운동해도 옆구리가 결린다. 훈련을 오래 한 사람들은 참고 뛰는 경우도 많긴 하지만 결코 좋은 일은 아니다. 계속 달리기 위해선 주의해야 할 사항들을 인지하는 것이 좋다.

달리기는 두뇌에도 효과가 있다. 달리기와 같은 유산소 운동은 뇌에 혈액을 많이 공급하게 해 뇌의 가소성을 증가시켜 준다. 규칙적인 달리기는 뇌의 신경세포들의 결합능력을 향상하며, 뇌세포의 성장 인자들의 농도를 증가시키고 인지력과 기억력을 동시에 향상한다. 달리기는 일반적으로 시중에서 유명한 두뇌 향상 게임보다도 오히려 뇌 기능을 더 향상시킨다고 알려져 있다. 달리기하는 사람들은 치매가 없는 것을 보면 뇌가 좋아지는 것을 알 수 있다.

달리기 시작하면서 무작정 매일 달리기만 하지 말고, 하체 근육과 허리 근육을 단련하는 운동을 틈틈이 해주면 달리기 능력 향상에 좋다. 하체를 지탱해 주는 근육이 충분히 있어야 무릎과 고관절에 무리가 덜 간다. 장시간 달리면 허리에 무리가 쉽게 간다. 같은 이유로 러닝 전후에 적합한 스트레칭을 항상 해주자. 그래야 내일도 달릴 수 있다.

# 5장
## 체력을 기르기 위한 팁

# 90대 나,
# 당신은 어떤 몸을 꿈꾸나요?

건강한 성인 400명을 대상으로 한 연구에 따르면, 운동을 가장 많이 한 사람은 그렇지 않은 사람들보다 우울증에 걸릴 위험이 68%나 낮았다. 이 연구는 반대로 운동을 많이 하지 않으면 우울할 가능성이 높다는 것을 증명한다. 우울증을 치료하는데 운동이 좋다. 특히 유산소 운동인 걷기와 달리기가 좋다. 우울증으로 만약 지금 40대와 50대의 여성이 고통받고 있다면 당장 운동을 해서 아래로 처지는 감정을 다시 위로 끌어올려야 90세까지 건강하게 산다.

만약 지금 마음이 우울하여 아무것도 하기 싫다면, 일

운동화 지금 당장 신으세요!

단 가볍게 걷는다. 우울한 감정으로 인해 신체의 기능이 저하돼 있을 때나 나이가 많다면 일단 가볍게 걷기로 시작한다. 하지만 젊거나 자신 신체의 에너지가 좋아 신체 기능에 별다른 이상이 없을 때는 달리기는 유익한 운동이다. 달리기는 열량을 소모해 체중 조절에 도움을 주고, 몸의 전반적이 기능을 향상하며 심장 질환을 비롯하여 다양한 질병의 위험을 떨어뜨린다. 매일 5분씩만 달려도 수명이 연장된다는 연구 결과도 있다. 달리기는 여러 방면에서 유익한 운동이다.

90대까지 건강하게 살면서 천수를 누리는 것이 모든 사람의 소원일 것이다. 나이가 든다는 것은 축복이다. 이 축복을 더 오래 누리고자 한다면 먼저 몸이 건강해야 한다. 건강을 위해 식이요법도 있고, 여러 가지 스트레스 해소법이 있지만, 달리기가 최고로 좋다. 달리기 시작하면 먹는 깃도 신경 쓰고, 수면의 질이 좋아진다. 기분이 좋아지기 때문에 감정의 기복이 덜하다. 달리기가 좋은 이유는 반복적인 움직임이 일종의 명상 효과를 일으키기 때문이다. '러너 하이'라는 기분 좋은 고양의 상태는 승려가 명상할 때 나오는 정도의 뇌파가 측정된다. 달리기는 일종의 명상이다. 행복 호르몬인 세로토닌과 노르에피네프린이 지속해서 분비되고 유지된다.

만약 달리는 것이 부담스럽다면 요가와 스트레칭 같은 정적인 운동도 도움이 된다. 요가도 항우울제처럼 뇌에 새로운 뉴런이 생성되도록 하고 우울장애를 완화한다. 90세까지 건강한 몸을 유지하려면 우울감, 불안감, 분노를 비롯한 감정을 잘 제어할 필요가 있다. 요가가 정신적인 문제를 누그러뜨리는 작용을 한다. 요가를 시작한 사람 중 75%는 스트레스 수치와 불안증 증세가 줄어든다는 연구 결과는 정신과 몸에 명상이 될 정도로 유익하다는 것을 말해준다. 요가는 근육의 코어를 키워 나이가 들수록 유연해지고 전반적인 근육이 줄어드는 것을 막을 수 있다.

호흡을 의식적으로 할 수 있다는 것이 운동의 장점이다. 호흡에 집중하는 것은 살아있다는 것을 느끼는 것이다. 지금, 이 순간을 인식하고 온전히 자신의 호흡에 집중하여 심호흡을 반복하면 마음이 차분하고 침착해지며 고요해진다. 달리기는 숨이 차지만 일정한 호흡을 반복함으로써 호흡을 인식할 수 있어 일종의 명상을 하는 느낌이 든다. 자

운동화 지금 당장 신으세요!

신에 대해서 많이 알면 알수록 미래에 어떤 모습으로 살아갈지 상상하게 된다. 장래가 밝고 기쁘고 건강하고 자연 치유된다면 90세의 모습은 아주 행복할 것이다. 감정적으로 그런 행복한 상태를 확신하고 받아들이고 명상을 자주 하다보면 희망이 생긴다. 어둡고 컴컴한 자신의 미래를 상상했다면 지금이라도 바꿀 수 있다.

"90세에 20대의 건강을 유지할 수 있는가?"라고 누가 물으면 나는 단연코 "예"라고 말하겠다. 이유는 유연히 텔레비전에서 90세의 건강한 민덕기 할머니의 신체 나이 때문이었다. 하루도 운동을 거르지 않는 민 할머니는 신체 나이가 20대와 30대 정도라고 의사들이 말한다. '나이가 들면 신체가 노화된다'라는 말은 예외가 있는 걸로 봐서 완전히 사실은 아닌 듯하다. 젊음의 기준은 절대적인 나이가 아니라, 나이를 뛰어넘는 삶의 태도다.

만약 젊은 시절부터 운동을 해왔다면 지금은 건강하게 생활할 가능성이 많다. 하지만 마흔이 되고 나서 그 이후에 계속해서 운동에 대한 의욕이 안 생기고, 삶이 너무 힘들다면 습관을 재점검해 봐야 한다. 90세까지 건강하게 살기 위해서는 마흔도 늦지 않았다. 오히려 인생의 하프 타임을 시작하는 첫 시작일 수 있다. 아흔둘 민덕기 할머니에게 '젊음'이란 수식어를 더해도 전혀 이질감이 없는 것이 이러한 이유다. 아흔이면 병원에 가 있거나 요양원을 생각할 수도 있지만 건강하게 사는 분들의 공통점은 전부 밝은 삶의 태도와 운동으로 신체를 건강하게 유지하고 있다는 것이었다.

민덕기 할머니는 주름은 깊어도 잡티 하나 없이 맑은 얼굴이다. 허리는 꼿꼿하다. 장수하는 분들의 모습인 몸이 왜소하고 말랐다. 과거 이야기를 술술 풀어내는 기억력도 놀랄 만큼 또렷하다. 운동을 지속하면 치매가 없어지고, 기억력과 지구력, 뇌의 인지력이 놀라보게 좋아진다. 운동하는 사람들은 머리가 좋다는 말이 이렇게 운동하는 할머니에게 해당되는 말이다. 젊은이도 울고 갈 만큼 날렵한 줄넘기 솜씨는 촬영 팀을 놀라게 한다. 주변 할머니들의 부러움을 사기에 충분했다. 민 할머니는 여러 텔레비전 프로그램에 소개되며, '운동 왕'이란 별명까지 얻었다. 건강을 지키는 비법을 줄줄 꿰고 있을 것만 같은 그가 강조하는 것은 의외로 간단하다. 바로 규칙적인 운동이다.

운동화 지금 당장 신으세요!

민 할머니가 어린 시절 증조할머니 같은 느낌이 들었다. 항상 나에게 사랑을 주었던 시골에서 언제나 내 손을 잡고 건강하게 걸어 다니시던 증조할머니가 생각났다. 할머니는 언제나 걷기 운동으로 마을 회관에서 고추도 말리시고, 건강하셨다. 내 마음속에 할머니는 좋은 느낌이 있다. 이 할머니들이 나에게 주는 느낌은 저렇게 나이가 드신 분들도 건강하게 사셨는데 나도 할머니와 똑같이 건강하게 장수하고 싶다는 건강에 대한 욕구가 강했다. 그래서 그런 이유가 잠재의식에 운동할 수밖에 없게 했다. 운동을 할 시간이 없다면 새벽 일찍 일어나도 좋았다. 운동에 기본적인 소망이 강했다.

민덕기 할머니의 하루는 아침 5시 30분에 시작된다. 장수 할머니답게 일어나는 과정부터 예사롭지 않은데, 눈을 뜨면 누운 자세에서 천천히 스트레칭을 하며 몸을 깨운다. 장수를 하고자 한다면 일어나면서 기지개를 켜면서 몸을 늘려주는 행동을 해서 뇌가 완전히 일어나야 한다는 것을 운동으로 깨워 상쾌하게 일어난다. 이렇게 아침 의식을 매일 똑같이 하면 뇌는 일어날 시간에 규칙적으로 정확히 깨워준다. 네이버 카페 '한국 미라클모닝' 회원들은 아침마다 매일 똑같은 아침 의식으로 시작한다. 당연히 아침 기상은 감사로 시작해서 행복함으로 하루를 마감한다. 삶이 바뀐다. 민덕기 할머니의 유연성 덕분에 매일 5분씩 아침 스트레칭 요가를 매일 했다. 다리가 많이 유연해졌다.

보통 나이가 들면 관절에 무리가 생겨 뛰는 것이 쉽지 않다. 하지만 이러한 일반적인 생각을 뛰어넘는다. 민 할머니는 줄넘기를 수백 개씩 할 만큼 관절이 튼튼하다. 오랫동안 해온 스트레칭과 훌라후프 덕에 유연성도 최고다. 민 할머니는 인터뷰하면서 이렇게 말했다. "운동은 단 하루도 거르지 않아요. 오히려 운동하지 않으면 몸이 무거운 느낌이 들어요. 날씨가 좋을 때는 40분씩 걷기도 해요." 바쁜 젊은 시절에는 어려운 살림에 아침마다 등산하고서야 출근 준비를 마쳤다. 운동 왕 할머니의 TV 프로그램 덕분에 매일 운동을 하게 되었다.

"그때는 피곤한 줄도 몰랐어요. 맑은 공기 마시면서 걸으면, 기분도 좋고 몸도 개운해지니까 습관처럼 산에 다닌 거죠. 여름에는 내려오는 길에 계곡물에 들어가 냉수마찰도 하고요. 예순아홉에는 한라산 2,000m 고지에 오르기도 했어요. 그 이후에 산악회에 가입해 전국 팔도 산들을 돌아다녔죠." 모두의 부러움을 살만한 건강을 유지할 수 있었던 것은 이처럼 평생 건강관리를 해온 덕분이다. 운동을 하다 보니 칭찬들이 자자했고 자존감과 자신감이 높아져 삶의 태도가 긍정이 되어버렸다. 유산소 운동, 등산, 걷기, 달리기 등등은 민덕기 할머니의 주요 운동 종목이다. 생활 속 운동을 하면서 아주 건강하게 사시는 모습이 흐뭇했다.

이런 경험들은 나의 경험과 비슷했다. 아들 둘을 키울 때 집에서만 있는 게 너무 답답해서 큰아들 6살, 막내 2살을 데리고 혼자 한라산 영실 코스를 손잡고, 업고 올라갔다가 내려오는 거의 기이한 체험을 하기도 했다. 이때의 체력은 아파트 단지 내에 있는 테니스 코치에게 훈련받으면서 길러진 것이다. 이때부터 마라톤을 5킬로 달려보자고 마음먹게 된 것이다. 체력이 좋아지니 다른 운동을 도전해 볼 생각이 들었다. 처음에는 그냥 운동을 등록만 한 것이어떤 운동이든 쉽게 하게 되는 경지로 바뀌었다.

하루도 거르지 않는 부지런한 운동 습관부터 시종일

관 유쾌한 마음가짐까지 90세에 30대 체력을 가지고 있다면 운동을 통해 환경이 많이 바뀌었을 것이다. 민 할머니는 방송을 타면서 스타가 되었다. 운동은 사람을 바꾸는 힘이 있다. 혹시 이 글을 읽는 독자들은 그 할머니가 예외라고 생각하지 않아도 된다. 왜냐하면 현대 의학은 인간의 수명을 늘려놓았고, 의료 시스템이나 운동 도구의 발달과 기계화로 인해서 사람들이 더 건강해질 수 있는 요소들이 많다. 평생 차곡차곡 쌓은 생활 속 실천은 나이를 무색하게 하는 건강을 선물처럼 가져다주었다. 건강은 습관이다. 매일 하루도 빠짐없이 90세까지 '이 운동 하나만은 꼭 하겠다'는 아주 간단한 운동 하나를 정하자. 그리고 그 운동을 하루도 빠짐없이 할 수 있도록 지금 선언한다. 단 1분이라도 좋다. 그렇게 선언하면 단언컨대 90세까지 건강하게 살 수 있다.

운동화 지금 당장 신으세요!

# 신체 체력 단련道
# 헬스 세트 포인트

최근 사람들은 큰 변화를 겪었다. 코로나19로 인해 집에 있는 시간이 늘어 몸이 예전 같지 않다고 호소하는 사람들이 많았다. 활동량도 줄고 운동시설이 출입이 금지되었으니, 집에 있는 시간이 길어졌다. 특별한 의지를 가진 사람을 제외하고는 운동을 안 한다. 시대적 배경과 환경의 영향으로 어쩔 수 없다고 근력운동을 소홀히 하는 습관을 그대로 방치하면 우리 몸은 더욱더 운동하기 싫은 몸으로 바뀐다. 체력은 점점 더 약해진다.

40대 이후에는 자연적인 현상으로 근육이 줄어든다.

근력은 면역력과 관계된 것으로 소홀히 하면 면역력이 약해져 질병에 쉽게 노출될 수 있다. 언제나 운동을 인지하는 것이 변화의 시작이다. 근육은 몸에 침투하는 질병 바이러스에 힘을 길러주는 아주 중요한 몸의 구성요소다. 걷기와 유산소 운동도 하고, 주기적으로 근육 운동도 병행해야 근육 손실이 적다. 경희대병원 가정의학과 원장원 교수는 "노인들의 근감소증은 노인 건강의 실태를 정확히 보여주는 수치다"라면서 국내 70세에서 84명의 여성 1,053명을 분석한 결과 여성의 13.8%가 근감소증으로 나타났다. 근육이 부실하면 면역력이 약해져 여러모로 생활하는 데 지장이 있다.

젊고 건강한 40대 때부터 근력운동과 유산소 운동을 꼭 병행하여 근력을 저장해 주는 노력이 필요하다고 전문의들은 말한다. 이미 인생의 지혜를 깨우친 사람들은 노인이 되어 젊은 시절에 좀 더 몸을 움직이고 근력을 만들고 건강하게 운동하는 삶을 살았더라면 노인이 되어 고통받지 않을 거라고 이야기한다. 우리는 100세 시대를 살고 있고, 앞으로 미래가 어떻게 될지 모르는 세상에서 살고 있다. 노자는 동양의 철학을 완성한 사람으로 그가 쓴 《도덕경》에는 도를 강조하고 있다. 도는 지혜다. "우리가 삶에서 겪는 모든 과정이 행위로 표현 된다"라고 노자는 말한다. 행위란 에너지다. 에너지는 흘러야 산다. 정체되면 기운이 안 흐른다.

신체 체력을 단련하여 도를 이루기 위해서는 운동 세트 포인트가 다른 포인트 카드보다 높아야 한다. 카드사에서 발급하는 포인트 카드는 쓰면 없어지지만, 신체 체력 헬스 세트 포인트는 쌓으면 쌓을수록 나이가 들었을 때 효과가 크게 발휘된다. 내면을 지배하는 4대 제국이 있는데 그것은 마음과 심장의 느낌, 건강한 신체 능력 즉, 체력, 영혼의 영성이다. 이들 가운데서 가장 중요한 것은 건강이다. 건강해야 체력이 생기고, 영성 활동을 할 수 있다. 지금 당장 운동해서 눈에 띄는 변화가 안 보이더라도 계속 헬스 세트 포인트를 늘리기 위해 운동한다면 미래에 자신 모습이 놀라보게 건강해진다.

물은 항상 흐르고 있듯이 우리의 몸의 70%인 물도 흘러줘야지 건강하다. 흐르지 않고 가만히 정지되어 있으면 물이 썩는다. 우리 몸도 순환이 되지 않아 어느 부분에서 신호를 보낼 것이다. 그것이 노인들이 잘 걸리는 일반적인 질환일 것이다. 우리의 운동 목표는 그런 증상들을 최소화하고 젊고 건강할 때 유산소와 무산소 운동을 결합해 체력을 끌어올리는 것이다. 운동을 주기적으로 하여 근육이 탄탄한 사람들은 체력도 좋고 어떤 상황에서도 회복 속도가 빠르다. 근육이 잘 잡아주기 때문이다.

미국에 출장을 갈 일이 있어서 새벽에 하와이 바다를 달리고 있었는데 마크란 분이 길을 안내해 주어 함께 달리기했다. 대화하다 보니 그 컴퓨터 분야의 IT 기업에서 일하는 분은 마라톤 코치로써 울트라 마라토너였다. 본인도 샌프란시스코에서 휴가차 왔다고 하와이에서 아침에도 일주일 동안 매일 달렸다고 한다. 그분도 이방인이고 나도 이방인이었는데 달리기를 하는 사람들은 밝고 웃으면서 친절하게 미소 지어 준다. 금방 이방인이 아니라 익숙한 이웃 같았다. 달리며 이야기를 해보니 달리기를 통해서 몸이 아주 건강해졌다고 한다. 심장이 안 좋아져서 쓰러질 뻔했는데도 달리기하여 금방 회복되어 달리기는 자신에게 생명의 은인이라고 했다.

나이가 들어 70세~80세의 여자 마라토너들도 질병에 걸리는 때도 있다. 하지만 의사가 놀랄 정도로 회복속도가 빠르다고 한다. 젊은 시절에 근육이 이미 형성되어 꾸준히 달렸기 때문에 어떤 상황이 되어도 금방 회복하는 면역력의 중요성을 다시 인지하는 경험이 되었다. 운동 왕 민덕기 할머니도 병에 안 걸린 것은 아니다. 꾸준히 실천하는 운동이 장수의 비결이다. 여든이 되던 해, 민 할머니의 건강에 적신호가 켜진 적이 있었다. 건강검진에서 위암 판정을 받았다. 연로한 탓에 수술도 힘들다는 의사의 소견이 있었지만, 이듬해 수술로 다행스럽게도 건강을 되찾았다. 수술 후에는 수개월 입원을 예상했는데, 의사도 놀랄 만큼 회복이 빨라 일주일 만에 퇴원했다고 한다.

"의사가 저한테 대단하다고 말해요. 어떻게 이렇게 금방 회복을 하냐고……. 쭉 운동을 해온 덕분이라고 생각해요. 난 수술한 다음 날에도 병원에서 운동했어요. 배에 호스를 차고 복도를 걸어 다녔다니까요." 다행히 수술 후 재발하지 않았고, 지금은 식습관을 조금 더 신경 쓰는 정도다. 장수의 비결인 규칙적인 식사와 소식은 민 할머니에게 예외는 아니다. 제철 채소와 된장 같은 소박한 재료가 전부다. 단, 규칙적인 식사 시간은 꼭 지킨다. 민덕기 할머니는 건강은 저축과 마찬가지라고 말한다. 포인트는 돈이다. 건강 포인트는 다시는 살 수 없는 세상에서 가장 소중한 돈이다. 이 돈을 절대 잃지 않기 위해서라도 매일 운동을 하며 헬스 포인트를 자꾸 늘리자. 하루아침에 건강해지길 기대해서는 안 되며 꾸준히 해야 한다.

"제일 중요한 건 자기가 결심하고 실천하는 겁니다. 옆에서 아무리 말해도 본인이 마음에 없으면 안 하게 됩니다." 운동 앞에 핑계란 있을 수 없다. 그저 실천하는 것 뿐, 왕도도 없다. 아흔둘 운동 왕, 민덕기 할머니의 삶에서 우러나온 진리가 가슴에 진하게 남는다. 한국 나이로 올해 90세인 국내 최고령 '현역' 의사이자 지금도 왕성하게 논문과 책을 쓰고 있는 에이치플러스 양지병원 핵의학센터 박용휘 소장도 동아일보에 자신의 건강 비결을 소개했다. 그의 건강 유지 비법은 '맨손 근력운동'이다. 젊은 시절 테니스와 쌍절곤 운동을 즐긴 박 소장은 80세가 되던 10년 전부터 하루 15분씩 스쿼트와 상체와 하체 운동을 한다.

모든 동작은 별도 기구 없이 무리하지 않는 선에서

반복한다. 먼저 앉았다가 일어나는 스쿼트 운동은 하루 100개씩 한다. 10년간 매일 빠짐없이 스쿼트한 덕분에 박 소장은 지금도 튼튼한 관절과 근육을 자랑한다. 상체운동은 팔 굽혀 펴기를 하되 의자나 책상을 짚고 한다. 척추 운동도 의자를 붙잡고 몸을 뒤로 젖혀 몸에 무리가 가지 않도록 한다. 이어 양팔을 번갈아 가며 머리 위로 올려 옆구리운동을 한다. 박 소장은 상체운동과 척추 운동, 옆구리운동을 각각 50회씩 한다.

박 소장은 "나이가 들면 근육량이 줄기 마련이다. 간단한 동작을 반복해 근육량을 유지하는 게 중요하다"라며 "맨손 운동은 집이나 연구실에서 언제든 쉽고 간편하게 할 수 있는 최상의 운동법"이라고 말했다. 젊어서 꾸준히 운동하면 90세 이상까지도 현역으로 건강하게 살 수 있다. 헬스 포인트를 지금 무엇으로 잘 쌓고 있는지 살펴보고 지금의 생활 습관을 점검해야 할 40대와 50대의 여성에게 진심으로 고한다. 운동은 재산이고 행복이고 큰 축복이고 도(道)라고.

"아버지 제가 낳은 딸이에요."

"그 녀석 보통이 아니구나. 크게 될 아이야."

"아버지 덕분에 제가 이렇게 잘 성장했어요."

"네가 잘될수록 곁에 있는 사람들을 잘 챙겨서 함께 가야 한다."

기적의 1분의 순간이었다. 박진영의 아버지는 치매가 심해지셔서 아들을 잘 알아보지 못했다. 하지만 사랑은 에너지로 감동이 전해지는지, 가슴에 있는 하트 세트 포인트가 뇌로 전달되었다. 손녀 사진의 감동을 할아버지가 약 1분간 느낄 수 있는 놀라운 기적이 일어났다. 아이 낳은 사진을 보여주면서 아들이 아버지의 인지가 깨어나 대화하는 기적 같은 순간이 찾아왔다.

박진영 가수가 딸을 낳은 후 노래를 만들었다. 2019년 1월 25일에 태어난 딸에게 감동해서 노래를 만들어 부르다 그만 눈물을 흘렸다. 노래 가사가 아버지의 사랑에 관한 내용이기 때문이었다. 어머니께 전화해 감사하다는 말씀을 드리려 했는데 아버지께는 이제 그럴 수가 없다.

나만 아는 나
따뜻한 것 같지만 차가운
그게 슬펐던 나
사랑을 모르는 것 같아
하지만 널 만나
네가 내 손을 잡아준 순간

난 알 수 있었어

나에게도 사랑이 있었다는 걸

나를 온전히 줄 수 있는 이 손

꽉 잡은 이 손을 놓을 때까지

내가 네 곁에 있어 줄 테니

자신 있게 뛰고 꿈꾸렴 베이베

언젠가 이 손을 놓고 멀리

날아갈 때가 올 거란 알지만

행여 세상이 널 지치게 할 때면

돌아올 곳이 있다는 걸 잊지 마렴


치매가 심해진 아버지는 아들을 알아보시지 못하기 때문에, 박진영은 슬펐다. 강하디강한 아들은 아버지를 생각하니 자신을 낳았을 때 아버지의 사랑이 되살아난다. 이제는 아버지와 자유롭게 예전처럼 대화할 수 없다는 사실에 그만 아이를 낳은 아빠가 그렇게 강하게만 보이던 박진영이 눈물을 흘렸다. '꽉 잡은 이 손'은 신생아가 엄마와 아빠 손을 잡는 악력이 얼마나 센지 알 것이다. 우리는 이처럼 사랑을 추억하고 과거의 좋은 기억을 가져와 지금을 살 수 있는 에너지로 전환한다. 꽉 잡은 그 손이 얼마나 감격

운동화 지금 당장 신으세요!

인지는 아이를 낳은 엄마들은 알 것이다.

마음이 짠했다. 우리 어머니도 나를 시장에 데리고 가실 때 항상 손을 꽉 잡으셨었지. 갑자기 나도 눈물이 난다. 우리 어머니 세대들은 정말 고생이 많았다. 마흔 이후의 여성이라면 공감이 갈 것이다. 우리를 키울 때 어머니들은 먹지도 못하고 많이 참아가면서 그렇게 고생하면서 살았다. 이제는 살기가 좀 편해졌으나 여전히 풀리지 않는 어머니들의 건강상의 문제들, 특히 치매 때문에 국가에서 건강보험이나 복지를 걱정하는 시대가 왔다. 우리 어머니가 이제는 예전 같지 않으시고 많이 늙으셔서 과거를 잘 기억하지 못하신다. 인지력이 떨어지기에 마음이 슬펐다.

일만 하시지 말고 운동하고 삶을 좀 즐기시지. 요즘 같으면 우리 어머니들이 생활하는 것을 보면 고생은 고생대로 다 하시고 삶을 못 누리신다고 많이들 아프셔서 주변에 친구들의 어머니나 아버지들이 활발하게 생활하는 경우가 그리 많지 않은 실정이다. 우리가 가장 중요하게 생각해야 할 것이 있다. 지금의 내가 계속해서 운동하지 않으면 우리도 부모님처럼 치매나 질병에 노출될 수 있다는 사실을.

　나이가 들면서 가장 신경 써야 하는 부분이 치매다. 치매에 관한 오해 가운데 하나가 있다고 신경과 전문의들이 말한다. 예를 들어서 만약 공부를 많이 해서 '가방끈이 길면 치매에 걸리지 않을 가능성이 크다', 혹은 '머리를 많이 쓰면 치매에 걸리지 않는다'라는 것이다. 이 또한 그럴 수도 있고 아닐 수도 있다. 공부를 많이 했다고 치매에 걸리지 않는다는 보장은 없다. 여러 가지 원인이 복합적으로 일어나는 노화의 자연스러운 과정이다. 치매에 관한 대부분의 오해와 마찬가지로 이 또한 어느 정도만 진실이다. 그러나 확실한 것은 운동을 꾸준히 오래 많이 한 사람들이 치매에 걸릴 가능성이 적다는 것이다.

　치매는 뇌에 쌓이는 아세틸콜린 플라크, 해마와 전두엽의 손상 등 다양한 이유로 일어난다. 뇌의 노화과정이다. 치매는 지적 활동과는 무관하게 일어날 수 있는 것이다. 다만, 평소 뇌를 활발하게 사용하는 사람들은 오른손과 왼손을 번갈아 사용하는 의식적인 뇌를 훈련함으로써 적극적으로 치매를 늦출 수 있다. 뇌의 손상되지 않은 부분을 활용해 저하된 능력을 보완하면서 자신의 상태에 적응해 나갈 뿐이다.

두뇌도 체력이다. 몸을 움직이지 않으면 뇌도 신경 회로가 연결이 잘 안된다. 운동을 하면서 맞닥뜨리는 여러 가지 상황에 대처하면서 뇌의 뉴런의 회로들은 더 촘촘히 연결된다. 나이가 들면서 밖에서 운동을 더 많이 안 하고 실내에만 있게 되면 당연히 뇌는 새로운 자극을 받지 못해 회로들의 연결이 줄어들 것이다. 뇌과학은 운동이 단지 육체적 건강함만이 아니라 뇌 건강에도 크게 도움이 된다는 것을 증명하고 있다. 뇌가 건강해야 학습과 인지능력도 키우고, 치매나 알츠하이머 같은 뇌 질환도 예방할 수 있다고 한다. 뇌가 건강하기 위해서는 뇌 신경세포의 수를 늘리고, 뇌세포 간 연결이 많아질 수 있게 해야 하며, 그 연결 고리가 튼튼하게 되도록 만들어야 한다는 것이다. 운동이 신경회로를 튼튼하게 한다는 연구 결과들이 많이 발표되었다.

《운동화 신은 뇌》의 저자인 미국 하버드 의대 존 레이티 박사는 이를 위해 무엇보다도 유산소 운동을 추천하고 있다. 존 레이티 박사는 2000년대 중반 미국 일리노이주의 한 고등학교에서부터 시작된 '0교시 체육수업'의 효과를 강조하고 있다. 이 학교 학생들은 아침 수업이 시작하기 전 줄넘기, 달리기 등 운동을 함으로써 학업성취도가 월등하게 높아졌다. 학생들에게 아침 운동을 시켰더니 학생들의 뇌가 똑똑해졌다는 것이다.

우리나라에는 민족사관 고등학교가 0교시 체육수업, 검도 30분으로 아이들의 학업 성취나 의욕이 체육을 하기 이전보다 높아졌다고 한다. 예전에 근무한 고등학교에서도 영어 수업을 들어가기 전 아이들에게 0교시에 운동을 담임으로 시킨 적이 있었다. 체육수업을 거창하게 하는 것이 아니라 간단한 체조만 해도 아이들의 집중도는 높아진다. 체육을 권장하는 건 과학적으로도 의학적으로 두뇌 포인트를 높이는 작업이다. 등교 시간이 일찍이라서 아이들이 힘들어할 것 같았지만 오히려 아이들은 수업에 집중을 더 잘했다.

뇌과학자들은 뇌에서 학습이 어떻게 이루어지는가에 대한 연구를 통해 운동이 뇌에 막대한 자극을 가해서 학습

운동화 지금 당장 신으세요!

에 적합한 능력과 의지를 갖추게 한다는 사실을 밝히고 있다. 운동을 하면 뇌의 혈류량이 늘어나고, 뇌세포 수가 증가하고, 뇌세포 간 연결이 늘어난다는 것을 증명한 것이다. 우리나라에서도 미국의 '0교시 체육수업'의 효과를 보고 2010년 이후 각급 학교에서 '아침 운동'을 실행하고 있다. 서울시교육청 산하 1,100여 개 초중고등학교 중 현재 430여 개 학교에서 진행하고 있다. 둘째 아들이 다니는 초등학교에는 목요일 달리기의 날이 있었다. 이때 아이들은 신나게 웃으면서 운동장에서 놀다가 수업에 들어가서는 다들 기분이 좋다고 했다.

두뇌 체력 단련은 일종의 뇌 길을 닦는 것과 마찬가지다. 길을 자꾸 내지 않으면 길이 막힌다. 우리의 인지도 당연히 능력이 줄어들게 되어 두뇌 세트 포인트가 줄어들면 꺼내서 쓸 것이 없어서 여러 가지 몸의 기능에 이상이 생긴다. 마흔 이후에는 몸의 건강을 위해서라도 운동을 해야하겠지만 뇌의 건강과 특히 치매 예방을 위해서라도 평생 운동을 하겠다고 다짐해야 한다.

# 일상 체력 단련道
# 일생 세트 포인트

일상생활에서 체력을 단련해 두면 건강한 먹을거리에도 신경을 쓰게 된다. 체내에 운동하지 않아서 혈액순환이 원활하지 않을 때 우리 몸에선 염증 반응이 일어나 질병 발생이 늘어난다. 비만은 물로, 심장병, 암, 뇌졸중 등의 다양한 성인병들을 막기 위해서 반드시 필요한 것은 운동과 음식은 항상 같이 따라다니는 이중 세트 포인트다. 보상으로 들어오는 돈처럼 운동에다 음식까지 신경을 쓴다면 평생 건강하게 살 수 있다.

외부 침입 물질이 요즘에는 많다. 공기와 물과 여러

운동화 지금 당장 신으세요!

가지 바이러스가 많으므로 건강을 위해 체력을 강하게 해서 면역력을 높이는 게 삶의 질을 높이는 데 중요하다. 만약 체내에 우리 몸을 보호하기 위해 일시적으로 일어나는 염증들은 괜찮지만, 만약 만성화된 염증이 있으면 음식과 운동으로 적극적으로 개선한다. 그래야 체력 단련을 도(道)처럼 해서 일생을 건강하게 보낼 수 있는 세트 포인트가 높아진다. 염증 수치를 떨어뜨리려면 근육량을 늘릴 수 있는 운동이 필요하다.

마흔이 넘어가면 여성들은 움직임이 둔해진다. 아이들을 키우고 사회생활을 하다 보면 스트레스를 먹는 것으로 많이 푼다. 이렇게 먹는 것으로 스트레스를 풀면 근육에 도움이 되는 음식보다는 가공식품을 먹을 확률이 높다. 이런 음식들은 되도록 자제하는 것이 좋지만, 너무 스트레스받을 때에는 조금씩 먹자. 녹색 잎채소와 올리브유 같은 것은 염증을 약화시켜준다. 건강한 지방은 몸의 염증 수치를 약화하고 루테인, 베타카로틴의 항산화 성분의 흡수를 돕는다.

녹색 잎과 과일에 있는 루테인은 눈에 있는 염증을 줄

이는 역할을 한다. 되도록 과일과 채소를 위주로 자연에서 나오는 음식을 운동하면서 섭취하자. 노화와 관련된 시력 감퇴를 예방하는 데에도 탁월한 녹색식물은 올리브유를 첨가해서 먹으면 항산화 반응을 더 좋게 만든다. 항염증을 마흔의 여성들은 체력과 음식 운동으로 세트 포인트로 많이 받아봐야 한다. 시금치와 블루베리도 운동선수들에게 6주간 매일 먹게 했는데 실험에서 운동 후 염증 수치가 감소했다. 시금치는 운동하는 동안 산소의 흐름을 돕는다. 시금치의 질산염이 근육을 더 효율적으로 움직이게 한다.

마흔이 지나면 이제 서서히 폐경 전으로 들어가게 된다. 이때 여성들은 철분 결핍성 빈혈이 생길 수 있는데 이 역시도 운동과 레몬 단백질 렌틸콩처럼 철분이 높은 음식을 먹으면 혈액이 모자라는 것을 막을 수 있다. 콩에다 레몬 같은 카로티노이드와 아스코르브산이 풍부한 감귤류 과일을 함께 먹으면 좋다. 아침에 일어나자마자 마트에서 산 레몬을 소금으로 깨끗이 씻어서 냉장고에 넣어둔 뒤, 레몬즙을 내는 간단한 도구를 이용해 즙을 내어 물에다 타서 한 컵 마신다. 운동을 아침에 하게 되면 레몬즙을 낸 물을 마시는 것만으로도 근육이 생성되는 속도가 느려지지 않는다. 근육 운동과 함께 아침에 일어나자마자 레몬즙 물을 마신다.

일상 체력을 기르는 운동을 통해 우리는 다음과 같은 효과를 볼 수 있다. 운동을 하고 나면 풍요로워지는 걸 느낄 것이다. 즉 돈이 많이 모인다. 감정 소비가 많아지지 않고 그 대신에 운동을 통해 건강해지니 돈이 쓸데없이 새어 나가지 않는다. 일상 체력을 기르면 돈도 많아지는 풍요 세트 포인트도 올라간다. 운동을 통해 돈을 모으는 4가지 습관은 딱 4가지다. 이 간단한 습관을 기르지 않으면 여성이 나이가 들어서 경제적인 독립을 통해 활발하게 생활하는 게 불편하게 될 것이다.

1. 일어나자마자 기지개를 켜라.
2. 자고 일어난 이부자리를 잘 정리한다.
3. 아침 공복에 레몬 물 한 잔을 마셔라.
4. 일정한 시간에 자고 일정한 시간에 일어나라.

이 사소한 습관이 당장 운동과 함께 돈을 부르지는 않는다. 그러나 이 습관을 지닌 사람에게는 한번 돈이 들어오면 절대 줄지 않는다. 왜냐하면 습관은 사람을 강하게 만드는 묘한 마력이 있다. 만약 여러분이 오늘부터 아침에 일어나서 기지개를 켜면서 "오늘 하루도 잘 자고 일어나서 숨 쉴 수 있어 감사하다."라고 크게 외치면서 일어난다면 삶이 180도 달라질 것이다.

운동과 돈은 새신랑을 찾는 여자와 같다. 아침에 일어나 기지개를 켜고, 이불을 정리하고, 물 한 잔 마시는 일을 매일 아침 하는 남자를 보면 좋은 신랑감일 것을 안다. 좋은 신랑감은 자기관리를 잘하는 사람이다. 만약 좋은 음식을 먹고 자신의 이부자리를 잘 정리하고 아침에 일어날 때 긍정적인 말을 하는 사람이라면 그 남자는 자신에게 평생 행복을 줄 남자다. 잡는다. 운동도 마찬가지다. 만약 사람을 만났는데 평소에 자신을 위해 운동으로 체력을 길러주고 행복하기 위해 염증을 제거해 주는 건강에 좋은 음식을 먹는 사람들이라면 그들의 생활과 부와 풍요가 어떻게 세트 포인트가 많이 쌓여있을지 안 봐도 알게 된다. 사소한 행동 안에 그 사람의 인생 자체가 그대로 들어 있기 때문이다. 당연히 그런 남자와 평생 인연을 맺으려 할 것이다.

운동화 지금 당장 신으세요!

운동은 유산소와 무산소를 같이 해야 골고루 근육이 생긴다. 무산소 운동과 유산소의 차이점은 유산소 운동은 운동 시 에너지원이 산소로 쓰이며 '오래 운동하는 것'이고 무산소 운동은 산소 없이 에너지를 만들어 운동하며 '짧게 운동하는 것'이다. 100미터 달리기는 무산소 운동이다. 짧은 시간 안에 폭팔적으로 운동을 하기 때문이다. 만약 천천히 100미터만 가면 그것은 유산소라고 할 수도 없다. 약간은 애매한 개념이다. 길게 유산소를 해야 심폐기능이 향상되고 혈관 기능이 향상되고 지방 대사가 활성화된다.

우리가 처음에 다룬 1초만 운동하라는 이유는 운동을 습관화시키기 위해서였다. 이제 후반부로 넘어오면서 운동의 중요성을 알았고, 습관을 들이게 되었으니 서서히 강도와 시간을 올린다. 이미 달리고 있는 독자들은 새로운 방식으로 유산소 운동을 변화시키면 기분이 달라진다. 스쿼트도 중량 없이 고반복으로 운동하면 유산소 운동이니, 이제는 익숙해졌다면 중량을 조금 높여 고중량으로 한다면 무산소 운동이 되어 골고루 운동하게 된다.

이제 초보자 운동에서 고급으로 왔으니 90분 정도

의 무산소 유산소도 좋은 음식과 더불어 도전해 보자. 이제 운동에 도가 터서 체력과 일상생활이 이전과는 달라졌을 것이다. 가장 좋은 것은 준비운동 10분에 무산소 운동 30분 유산소 운동 20분 마무리 운동 10분을 해서 1시간 정도 운동하면 이제는 체력과 건강과 체내 염증은 여성으로서 걱정되는 모든 수준을 다 뛰어넘어 일상의 체력 단련이 아주 높아졌을 것이다. 계속 멈추지 않고 운동을 지속하기를 바란다.

# 마음 체력 단련道
## 마인드 세트 포인트

사람들은 성공하든 실패하든 모두 다 정신의 작용 아래에
있다. 정신이 우리의 몸을 움직인다. 마음이 따라가면 체력
은 단련된다. 운동을 지속하게 되면 도의 경지에 오른다.
습관이라고 하는 것 중에 가장 중요한 것이 마음의 습관이
다. 마음가짐이 통제되지 않으면 운동을 하려고 해도 몸이
따라주지 않는다. 운동에 성공하는 사람들은 성공할 수밖
에 없는 올바른 정신을 사용하고, 실패하는 사람은 실패할
수밖에 없는 그릇된 정신을 사용한다.

　마흔 이후에는 특히 마음가짐이 무너질 수 있는 요소

들이 많다. 아이들이 독립할 것이고, 폐경기가 온다. 노화에 따른 몸의 근육 손실은 매년 1퍼센트씩 늘어난다. 만약 운동으로 근육을 키우지 않으면 몸의 단백질도 면역력을 키우지 못하고 줄어들 것이다. 음식으로만 보충하는 것은 살만 찌운다. 만약 섭취한 열량이 소모되는 열량보다 적으면 상식적으로도 살이 찐다. 살이 찌는 것보다 더 무서운 것은 거울 속 자신 모습을 보고 마음이 울적하다는 것이다. 이렇게 되면 몸의 70%의 세포가 물인데 이 물이 제대로 안 흐른다. 물이 흐르듯 저절로 삶이 잘 흘러가야 하는데 중간에 돌이 걸린다. 마음이 자꾸 우리에게 책망하면 기분이 좋을 수 없다.

자신의 마음을 가만히 잘 들어줘야 한다. 하루에도 몇 번씩 스스로 마음을 조용히 들여다보는지 살펴보자. 가만히 들어주는 사람들이 주변에 있는가. 어떤 마음을 내도 괜찮다고 토닥거려 주면서 나의 마음을 들어주는 사람들이 있는가. 뭔가 새로운 것을 시도하고 싶고 운동도 하고 싶은데 마음을 들어주는 친구들이 "운동을 하려면 이렇게 해보는 게 어때?"라고 아무런 판단 없이 들어주면 어떨까?

운동화 지금 당장 신으세요!

진심으로 건강과 몸을 걱정하면서 운동에 관한 조언을 할 수 있는 친구나 사람들이 주변에 많다면 운동을 할 수밖에 없을 것이다. 판단 없이 들어줄 수 있는 친구가 있다면 그 친구는 마음을 내어 행복하게 운동할 것이다. 격려받고 사람들에게 용기를 얻어 행동할 것이기 때문이다. 그러나 언제나 친구가 항상 옆에 있을 순 없다. 그래서 가장 가까운 친구인 자신의 마음에게 물어보자. 어떻게 하면 건강하게 운동할 수 있는지를.

어느 날 마음이 나에게 다가와 이렇게 물었다.

"네가 진정으로 원하는 게 뭐니?"라고 나 자신에게 마흔의 내가 물었다.

몸을 멋지게 만들어서 남들에게 당당하게 보이고 싶고, 무엇보다 아이들을 훌륭하게 키우고 싶고, 가족과 잘 지내고 싶다. 남편과도 행복하게 지내면서 즐겁게 대화하는 그런 모습을 꿈꿨다. 그래서 상상했다. 그러기 위해선 체력이 언제나 남아돌아서 건강하게 하루를 활기차게 보내고 싶은 마음이 굴뚝같았다. 절실했다. 나를 바꾸고 싶은 마음의 욕구가 강했다. 언젠가부터 이렇게 살아서는 안 되겠다는 마음이 들어왔다.

"마음아 뭔가 새로운 것을 좀 만들어줘."

"뭔가 특별한 거를 좀 해달란 말이야."

"뭔가 놀~라운 일이 '짜잔' 하고 좀 나타나 달란 말이야."

마흔이 되어 그날이 그날 같고, 뭔가 새로운 것이 없을까 고민하던 중, 나에게는 매일 하루 스쿼트 10개라도 안 빠지고 하자는 결론을 냈다. 마음은 정말 뿌듯했다. 그 정도는 매일 쉽게 할 수 있을 것 같았다. 그러나 난데없이 운동 전문가들의 말이 내 마음에 날아왔다. "매일 유산소는 기본적으로 30분 이상 해야 하고 근육 운동도 30분 이상 해야 합니다. 하고 스트레칭까지 다 하면 1시간 이상이 걸리는 게 좋은 운동입니다"라고 나를 부추겼다.

모든 게 무너져 버리고 말았다. 마음이 너무 복잡한

운동화 지금 당장 신으세요!

것이다. 운동을 처음 시작하려고 하는데 복잡하다. 너무 많
으면 완벽주의자 기질에 포기할 것이 뻔하다. 나를 빡세게
운동시켜야 안심이 되는 마음에 이렇게 말을 걸었다.

"꼬꼬댁 꼬꼬꼬 에구머니나!"

"이를 어째, 어떻게 이런 일이!"

"말해 봐, 말해 봐."

마음에 '나는 너무 크게 시작하는 건 부담스럽다고,
하다가 그만두면 안 한 것만 못하다'고 이야기를 해줘서
살살 달랬다.

"어떻게 된 건지 말해 봐!"
"꼬꼬댁 꼬꼬꼬……."

마음은 묵묵부답이었다. 마음은 진짜로 원하는 건지
아닌지를 물었다. 그냥 "할 거냐 안 할 거냐?"라고만 물
었다.

그래서 첫 번째 운동에 대한 마음은 그만 가버렸다.
다음엔 닭 같은 마음 대신 무거운 곰이 되고 싶은 마음이
와서 이야기했다.

　"그냥 가만히 있어. 많이 먹고 겨울잠이나 자면서 그
냥 놀아. 그래서 살을 찌우라고."

　운동을 하고 싶고 몸도 20대처럼 가벼워서 행복하게
달리고 싶은 마음은 모두가 들어갔다.

　"아무것도 하고 싶지 않았어."

　그래서 결국 운동을 하고자 하는 마음이 모두 가버렸
다. 운동을 하고 싶지만, 어떤 마음 하나 명쾌하게 대답해
주는 곳이 없었다. 마음은 혼자 남았다. 어떻게 하는 것이
좋을지 내 안의 또 다른 나와 마주쳤다. 고요한 새벽에 일
어나 도대체 어떻게 사는 것이 건강하고 행복한 것인지 너
무 조용해서 타이르는 마음이 다가와 "제발 미래를 위해
운동을 해 달라"는 내면의 소리를 분명하게 느꼈다. 이제
는 마음이 몸 전체와 가까이 다가와 "이렇게 운동 안 하다

가는 나중에 반드시 체력적으로 힘들 것이란 이야기했다. 운동을 하고 싶은 마음은 조금씩 다가왔다. 마음이 따뜻한 체온을 느낄 때까지 운동하기 싫은 마음과 미래를 위해 꼭 해야 한다는 마음 둘은 말없이 앉아 있었다. 물이 흐르듯 정적이 흘렀고. 그렇게 운동을 해야 한다는 길이 신경회로에 넓혀진 것이다.

# 그녀가 달릴 수 있는
## 이유道

헬스클럽에서 달리는 것이 싫어서 문고리만 잡았다가 놓고 집에 온 적이 한두 번이 아니었다. 매일 운동을 해야 하는 것은 알았지만, 실제로 실행하는 것이 과거의 나에게는 어려웠다. 이런 과정이 있었기에 달릴 수 있는 이유가 도(道)처럼, 마치 도덕경에서 노자가 물이 흐르듯 자연스럽게 놔두면 다 하게 된다는 것을 알려주었다. 개천의 물이 흘러서 대해로 합쳐지듯이 습관도 처음에는 작게 시작했지만 계속 몸 안의 세포가 물로 흘러 아래로 물이 계속 흘러가면서 큰 건강이라는 바다를 만나게 된다.

운동화 지금 당장 신으세요!

운동도 도를 닦는 것처럼 수행이다. 우리는 상식을 알고는 있지만 습관의 덫에 의해 행동으로 옮기는 사람들은 많지 않다. 그만큼 습관은 수행 같은 것으로 바꾸기 위해서는 부단한 노력과 지속하는 의지와 끈기가 있어야 한다. 어떤 분야에서 크게 성공한 사람들도 처음에는 운동하는 것이 쉽지 않았다. 하지만 상식을 반드시 지키고 꾸준히 올바르고 좋은 쪽으로 생각하고 생활하는 방식을 선택했다. 그것이 큰 변화를 이루어 많은 사람에게 영향을 끼친다. 마치 도인(道人) 노자 같다.

성공학의 대가 스티븐 코비는 그의 아버지와의 일화를 《성공하는 사람들의 7가지 습관》에서 소개한다. 아침에는 반드시 성경을 읽고, 명상하고, 호수에서 산책하는 것으로 미라클 모닝 습관을 실천했다. 어느 날 호수에서 살려달라는 사람을 보고 집 앞에 있는 보트에 시동을 걸어 바로 사람을 살렸다. 상황이 어떠하건 끊임없이 도를 닦듯이 자신을 쇄신하고 운동하는 사람들은 후대까지 큰 존경을 받는다. 스티븐 코비는 책에서 자신의 장례식을 생각해 보라고 한다.

사람들은 나를 어떤 사람으로 기억할 것인가?

자신이 어떤 공헌이나 성취를 이 세상에 남기고 떠나는가?

당신과 당신 삶에 대해서 사람들이 어떻게 말하기를 원하는가?

자신이 남긴 성취와 공헌, 기여와 봉사는 무엇이 있을까?


예를 들어 나는 미라클 모닝(명상, 확언, 시각화, 독서, 운동, 글쓰기)을 매일 새벽 3시에 일어나서 하게 되었다. 이 모든 것이 아주 작게 운동 1초부터 시작한 계기로부터 비롯되었다. 운동 덕분에 도를 항상 구하고 행복하기를 바라는 구도자처럼 살고 있는데 내면이 무한히 평화롭다. 나는 장례식 질문들에 대해 타인에게 무조건적인 도움을 주는 것이라고 정했다. 운동을 하다 보니 시야가 넓어졌다. 세상의 의식을 조금이라도 밝히고 가는 것이라고 정했다. 의식을 밝히기 위해서는 먼저 습관을 끊임없이 돌아봐야 했다. 게으르고 연약한 마음이 아니라 무엇이든 할 수 있고, 마음만 먹으면 된다는 정신을 기르는데 운동만큼 좋은 것이 없다.

운동화 지금 당장 신으세요!

스티븐 코비의 아버지는 끝임없이 자신을 쇄신하는 습관을 통해서 책임감 강하고, 정직함, 풍요의 심리, 자연의 법칙을 통해 크게 성공했다. 자식에게도 아버지의 성품이 전해져 모두 다 건강하게 승리했다. 마흔 이후의 삶은 이제 자녀들을 독립시키고 자신을 계발하여 사회에 큰 도움을 주는 사명이 생긴다. 이때 열정을 가지고 꿈을 향해 즐겁게 운동해 체력을 키우면 미래는 그대로 밝게 된다. 자연에 거스르지 않고 순응하면서 물과 합체하는 노자의 도와 같은 사람을 본받자. 여성이라고 해서 못 할 일이 없다. 자연은 모두를 다 품는다. 차별 없이 있는 그대로 지금의 나로부터 시작하면 된다. 거창할 필요는 없다. 1분 정도 몸을 움직이면 된다. 지속이 중요하다. 지속은 바위도 뚫을 수 있다. 물이 한 번 흘러서 바위를 못 뚫지만, 수년 동안 지속해서 흐르면 바위가 변형된다. 그 정도로 운동 습관은 중요하다.

운동하는 5가지 습관을 기른 사람들의 예를 보면서 '할 수 있다'라는 자신감을 가지는 게 중요하다. 운동에서 가장 중요한 것은 일단 시작하는 것이다. 습관을 들이기 위해서 처음부터 큰 목표는 절대 금물이다. 딱 1초만 한다고 생각하자. 그다음으로 꾸준히 하는 것이 중요하지만 늘 흐지부지되곤 한다. 그렇다면 꾸준히 운동하는 사람들의 비결은 무엇일까. 작게 시작하여 혼자서만 하여 의지를 내려놓지 않고 물처럼 사람들과 함께 주변의 물과 흘러가기다.

운동을 지속할 있는 방법을 제시한다.

## 1. 함께 하는 운동 동호회 찾기

친한 지인은 함께 운동하는 마라톤 동호회에서 자신의 꿈을 만났다. 교사이지만 댄스에 재능이 있는지 몰랐다. 프로 댄스 스포츠 우승자가 우연히 달리기 하는 모임에 있었고, 인연이 되어 댄스 스포츠 대회에 나가는 꿈까지 연결이 되었다. 바쁜 직장생활에 따로 연습 시간을 낼 수 있는 시간이 없어도 꿈이기 때문에 어떻게 해서든 운동을 하게 된다고 한다. 만약 혼자 달리기했더라면 진작 포기했을 텐데 함께 하는 모임에 가입하고 그곳에서 만나는 인연들이 꿈의 지도가 되었다.

## 2. 따로 또 같이 운동하기

사람들과 같이 운동하게 되면 혼자의 시간에 맛볼 수

있는 고요함과 자기성찰이 줄어든다. 따로 홀로 운동하다가 지루할 때 또 같이 운동하는 것이 좋다. 운동하는 시간도 만나는 사람들도 한정 짓지 말고 다양하게 교제하면 자신의 꿈을 이룰 수 있다. 귀찮고 하기 싫은 날에는 함께 하는 사람들 덕분에 신나게 운동하게 된다. 또, 머리가 복잡하거나 사람을 만나는 게 피곤한 날에는 혼자 운동하면서 생각을 정리하고, 머리를 식힐 수 있다. 운동은 마음 상태가 중요하다. 마음에 따라 끌리는 대로 상황에 맞게 운동하는 것이 오래가는 비결이다. 마음이 맞는 사람과 자신의 마음을 잘 들여다보는 연습을 한다.

### 3. 미라클모닝 운동과 아침 식사

아침에 운동하면 운동 못 할 핑계를 안 찾게 된다. 아침에 운동을 해놓으면 건강을 위해서 이미 많은 것을 투자해서 움직였기 때문에, 오후 내내 '운동해야 하는데' 라는 에너지의 소비가 없다. 아침에 작게 몇 분이라도 운동하고 직장에 가거나 일을 하면 활력도 더 쏟고 밤에 잠을 더 푹 자게 된다. 아침밥을 조금이라도 간단하게 먹고 가니 자는 동안에 부족한 포도당도 보충한다. 마음은 자는 동안 수면으로 낮아진 혈당을 아침 식사로 보충하지 않으면 염증성

사이토신이 분비된다. 사이토신이 증가하면 행복감을 주는 세로토닌이 감소한다. 이 행복 호르몬이 줄면 우울증에 영향을 미치니 조금이라도 움직이고 운동을 하여 고구마 한 개라도 아침을 먹고 출근한다.

## 4. 함께 운동할 롤모델 찾기

나는 달리기와 요가, 철인 3종 경기, 마라톤, 울트라 마라톤, 근육 운동 PT, 수영한다. 여러 가지 운동하는 이유는 뇌가 골고루 개발되기 때문이다. 한쪽만 쓰는 편측 운동은 쓰지 않는 반대편의 근육을 퇴화시킨다. 나의 롤모델은 무라카미 하루키처럼 글을 쓰고 마라톤, 철인, 울트라 마라토너가 되는 것으로서 매일 그를 본다. 아침에 일어나자마자 볼 수 있도록 화장실에 들어가는 문 앞에 그의 사진을 붙여 놓았다.

운동을 하기 위한 동기부여로 사진을 항상 본다. 운동에 들어가기 전 이미지 트레이닝을 하는 거다. 휴대폰 잠금 화면이나 컴퓨터 바탕화면에도 사진을 띄워놓고, 냉장고에도 사진을 붙여놓는다. 내가 톡톡히 효과를 본 습관은 운동 가기 2시간 전에 이벤트 알람으로 롤모델의 사진을

운동화 지금 당장 신으세요!

띄우는 것이다! '오늘은 건너뛸까?' 하는 생각이 스멀스멀 올라오는 바로 그때 사진이 뜨는 것! 그러고서 '나도 저런 모델 같은 몸을 갖고야 말리라! 운동을 가야만 한다'라고 다짐한다.

### 5. 쉬엄쉬엄 하기

절대 무리는 금물. 운동을 꾸준히 하는 사람은, 운동을 꾸준히 하도록 이미 습관이 들어 있는 경우가 많다. 평소엔 운동하지 않는 분들은 처음에 무리해서 열심히 하다가 갑자기 뚝 중단하는 경우가 많다. 처음부터 목표를 크게 세우지 않고 일단은 시작하자는 마음으로 차츰 습관이 될 때까지 익숙해진다. 크게 잡다 보면 아예 아무것도 안 하는 상태로 돌아가 있다. 반드시 주 7회 운동을 하겠다고 마음먹기보다는 사무실에 앉아서 정각에 1분 머리 돌리기 등 간단한 것부터 시작하여 습관을 들인다. 컨디션이 좋지 않고 내키지 않을 때는 쉬어가도 좋다. 반드시 휴식과 이완이 있어야 집중할 수 있다. 좋아지면 또다시 시작하면 된다.

우리가 사는 세상은 에너지다. 에너지는 정체가 아니

다. 흐른다. 에너지가 흐르지 않으면 곳곳에서 고장이 난다. 몸의 어디가 이상이 있다든지 유연하게 움직임이 잘 일어나지 않는다. 문고리나 나사에 기름을 묻히지 않는 채로 문이 삐걱삐걱하는 소리가 날 것이다. 운동을 하기 위해서 거창할 필요는 없다. 그저 기름처럼 유연한 마음과 흐르고자 하는 물결에 몸을 실어 조금만 흘러가면 된다. 처음부터 바다가 많은 양의 물을 품고 있지는 않았을 것이다. 지구가 진화를 거듭하면서 지금의 큰 바다가 형성된 것처럼 우리의 마음도 처음에는 큰마음을 내지 않아도 끊임없는 쇄신과 노력해서 자신을 상식에 맞게 조금씩 운동에 노출하면 반드시 "그녀도(道) 운동하네!"라고 사람들이 칭찬해 주는 날이 올 것이다.

# 수면道
# 식단道

잠을 잘 자는 것은 삶의 질을 높이는 일이다. 운동을 지속적으로 하는 것도 질 좋은 수면을 지속해서 행복감을 증가시키기 위함이다. 도처럼 일정하게 수면 패턴을 만들 필요가 있다. 운동을 잠을 자기 전의 루틴으로 정하고 매일 일정한 시간에 치르는 의식처럼 자기 2~3시간 전에 운동하고 잠을 자면 근육의 피로와 몸 전체가 혈액순환이 잘 되어 깊이 자게 된다. 운동을 안 할 때 수면의 질과 하고 난 후의 개운한 수면은 비교할 수 없을 정도로 다르다.

식단도 마찬가지다. 자기 전에 먹는 음식이 몸에 안

좋은 것을 알면서도 저녁 늦게 뭘 먹는 습관은 수면에 영향을 끼치고 몸에 영향을 주어 삶의 전체 순환에 방해가 된다. 운동과 마찬가지로 자기 2~3시간 전에는 먹는 것을 끝내고 운동 후에 푹 잠을 잔다. 마흔이 넘어가면서 잠의 질과 음식의 질이 좋아야 하는 이유는 20대와 30대 때에는 어떤 것을 먹어도 근육이 일정한 양으로 잘 버텨주지만 40대 이후에는 매년 줄어든다. 음식과 운동으로 단백질을 보충해 주지 않으면 몸의 노화 속도가 빨라진다.

우리가 알고 단백질은 식단으로만 생각하는데 운동도 단백질의 양을 늘린다. 운동을 하면 단백질을 분해하는 근합성이 활발해지므로 양질의 음식과 적절한 양의 근육 운동을 해주면 몸의 필수 면역성을 높여주는 근육을 잘 유지할 수 있다. 식사와 운동이 결합하여야 근육이 잘 형성된다. 운동 30분 후에 단백질 셰이크를 권하는 운동 트레이너들이 많은데 운동 전에 양질의 식사를 했다면 굳이 챙겨서 먹는 것보다 운동 후 견과류나, 고구마, 계란 등의 간단한 단백질을 섭취해도 된다.

음식의 제약과 운동 후에 꼭 셰이크를 먹어야지만 단

백질이 잘 흡수되어 근육이 잘 생성된다는 것은 근거가 충분하지 않다. 운동 직전에 단백질 및 아미노산 보충제를 먹은 것이 운동 직후에 먹었을 때보다 더 많은 근 단백 합성MPS이 일어난다는 연구 결과도 있으니, 음식과 단백질의 관계는 평소에 먹는 정도로 가볍게 먹으면서 제약을 크게 두지 않아도 된다. 그러나 무슨 음식이 아미노산 종류인지는 알아서 그 음식을 섭취하는 것이 건강에 도움이 된다는 정도는 알아두자.

아미노산 중에 필수아미노산이 많이 들어간 류신(치즈, 참깨, 닭, 생선), 라이신(초록 콩, 시금치, 대두), 트립토판(귀리, 바나나, 우유, 고기, 생선), 발린(유제품, 고기, 버섯, 땅콩, 대두), 이소류신(달걀, 생선, 쇠고기, 대두, 아몬드, 유제품, 밀), 트레오닌(소고기, 유제품, 달걀, 콩류, 견과류, 씨), 페닐알라닌(유제품, 아보카도, 땅콩, 씨)등이 들어간 음식을 보충해 주면 된다. 무엇인가 복잡하면 운동과 식사를 의식하게 되고 의식한다는 것은 힘이 들어간다는 뜻이어서 하기 싫어진다. 일반적인 식사에 단백질과 필수아미노산이 들어간 음식을 챙기자. 의지가 꺾이는 것은 무조건 포기하게 만든다. 일단은 즐겁고 재미있게 운동하고 식단도 너무 빡

빡하지 않은 것이 운동 시작 초기에는 좋다.

기회의 창 이론이 있다. 우리 몸은 운동 과정을 거치면서 몸속 영양소들은 소비되고 근섬유들은 손상을 입기 때문에, 운동 직후 이른 시간 내 영양소를 섭취해야 한다고 하지만 과학적 근거는 크게 없다. 셰이크 산업 광고의 세뇌로만 알고 있자. 꼭 근육 운동을 하면서 셰이크를 마실 필요는 없다. 운동을 하고 허기지면 약간 음식을 섭취하는 정도로도 충분히 근육이 잘 생성된다. 지인 중에 근육 운동을 해서 건강한 분이 있다. 단백질 셰이크나 따로 식단을 챙기지 않아도 운동을 하면서 언제든지 잘 먹으니, 근육이 저절로 형성되고 건강해졌다고 했다.

시간대를 불문하고 가장 중요한 것은 운동 자체라고 강조하는 전문가도 있다. 식단도 중요하지만 아무거나 잘 먹고 잘 움직이면 어떤 시간에 운동하고 뭘 먹어도 괜찮다는 연구 결과도 있다. 먹는 것을 즐겁게 먹고 운동을 자주 하는 것이 장수의 비결이다. 미국 코네티컷주 햄든 소재 퀴니피악대학에서 스포츠훈련·스포츠의학을 강의하는 데이너 안젤로 화이트 임상 조교수는 "밤에 운동하면 너무

운동화 지금 당장 신으세요!

흥분돼 잠을 못 자는 것 아니냐며 불안하게 생각하는 사람이 있을지 모르지만, 습관적으로 운동하면 분명 꿀잠을 잘 수 있다"라고 했다. 운동을 밤에 하면 '안 좋네' 아니면 '좋네' 이런 상에 집착하지 말고, 컨디션이 어떨 때 가장 좋은지 운동하는 습관을 매일 조금이라도 들이면 평생 건강하게 살 수 있다. "중요한 것은 운동시간 확보"이다.

미국 미시간주 캘러머주 소재 보게스메디컬센터의 수면 전문의 앨리스 도 박사는 "정기적으로 운동하면 수면을 유도하는 신경전달물질이 증가한다"라고 말했다. 다만 그는 "취침 예정 3시간 전에 운동을 끝내는 게 좋다"고 했다. 자기 전에 움직임을 최소화하고 조용히 명상하면서 하루를 반성하고 정리하면서 정적인 시간을 가지는 것이 아침에 일어날 때도 상쾌하다. 취침 2~3시간 전 따뜻한 물로 목욕하거나 샤워하면 몸이 따뜻하게 안정된다. 캐머마일 차를 마신 효과가 난다.

숙면과 여성에게 좋다는 캐머마일 차는 질병 치료에도 효과가 있다. 캐머마일 차에는 테르판이라는 항산화 성분이 있다. 활성산소를 제거하고 세포 변화를 막아 염증을 줄여준다. 면역력도 증가시킨다. 2005년의 연구 발표에 따르면 2주간 매일 5잔의 차를 마신 사람은 마뇨산염수치가 증가했다. 이는 식물성 패닐산과 관련된 성분으로 나쁜 세균들과 싸워 면역력을 증가시킨다. 5000년 동안 병을 고치기 위해서 쓴 캐머마일은 향을 맡는 순간부터 심신이 안정됨을 느낀다. 심신의 안정이 병을 고치는 효과가 있다.

캐머마일은 불면증과 숙면, 심신 안정에도 좋다. 평소 커피 대신 차를 마시는 건 어떨까. 자기 전의 고요한 의식을 지키는 습관을 만들어 본다. 운동하는 습관과 더불어 지키면 명상하듯 자신을 바라보게 되어 몸의 운동 능력과 정신이 함께 좋아진다. 찬물을 먹는 것보다 따뜻한 물을 마시고 잠에 들 준비가 되었다는 신호를 습관적으로 만드는 것도 좋다. 운동과 적당한 음식과 몸을 자기 전에 따뜻하게 하여 수면의 질을 높인다.

자신의 체중을 지탱하는 종류의 운동을 '체중 부하 운동'이라고 하는데, 맨몸으로 걷기나 윗몸 일으키기, 푸시업 등의 운동이 체중 부하 운동을 언제 어느 때나 해서 운동을 생활화한다. 이런 체중 부화 운동의 구체적인 효과를

운동화 지금 당장 신으세요!

연구한 과학자들은 체중 부하 운동이 골밀도를 높이고 골다공증을 예방한다는 사실을 알아냈다. 뼈의 밀도가 낮아지는 노화 현상을 지연시킬 수 있으니 근육 운동과 식단을 적절히 배합하여 습관이 되게 반복하면 건강한 삶을 누리고 면역력도 높아져 질병에 잘 견디고 건강한 생활을 하는 도인의 몸으로 바뀐다. 하루 10개씩만 매일 하면 습관이 저절로 든다. 10개는 너무 어렵지도 너무 쉽지도 않은 숫자다.

맨손 근력운동은 40대뿐만 아니라 50대와 60대, 70대 이상의 노인들에게도 근력 강화와 골밀도 상승, 체중 감량 효과를 제공할 수 있으므로 나이나 체력과 관계없이 언제든 시도할 수 있다. 이런 체중 부하 운동을 하면 숙면의 피로회복, 식욕 조절, 감량 효과가 있다. 하지만 근력운동이 수면의 질을 개선해 우리의 건강을 전방위적으로 증진해준다는 사실은 완전히 인식해야 한다. 적절한 근력운동은 건강한 방식으로 에너지를 소모하기 때문에, 더 깊은 수면을 유도하는 데 도움을 준다. 운동과 적절한 단백질과 필수아미노산 섭취, 캐머마일 차 정도만 마시는 것이 습관이 되면 건강은 책임질 수 있다.

아주 거창한 것을 생각하면 운동하기를 쉽게 빨리 포기하게 된다. 하지만 하루 10개만 맨손으로 운동한다고 생각한다. 그저 다리를 10번 크게 들어 올리거나 점핑잭을 하거나 윗몸을 일으키거나 플랭크를 10초만 한다. 그리고 건강에 좋은 음식을 약간만 챙겨서 먹으면 변화가 서서히 진행되어 건강한 삶을 지속할 수 있을 것이다.

운동화 지금 당장 신으세요!

# 나의 행동을 결정짓는 세 사람

인생에 3번의 기회가 찾아온다. 정말일까. 꼭 기회가 3번일까? 기회는 3번이 아니라 무수히 많다. 나는 살면서 기회가 무수히 많이 올 때마다 잡았다. 성격이 적극적이고 도전을 좋아해서인지 '이것이 기회인지 아닌지'를 아주 잘 분간할 수 있다. 기회를 잡는 방법과 결과에 대한 만족을 알 수 있는 지표는 가슴의 떨림이다. 만약 어떤 이유로 어떤 사람이 제안하거나 남들이 하는 행동을 봤을 때 가슴 뛰어 설렌다고 느끼면 그것은 자신의 것이다. 자신의 기회다. 앞으로 꿈을 이루는 데 크게 도움이 될 기회이니 잡아야 한다.

가장 안전한 도전은 아무것도 하지 않는 도전이다. 인간은 과연 아무것도 안 하고 성장 안 하길 원할까. 아무것도 하지 않는다는 것은 제자리에 그냥 있겠단 뜻이다. 목표도 꿈도 없이 무기력한 삶을 살면서 항상 남들이 이루어 놓은 것을 부러워하면서 살게 된다. 지금 이 책을 읽지도 않을 것이다. 그들의 삶도 나쁘지 않다. 그들의 선택이니까. 인간은 더 성장하고 자신의 가치를 드러낼 기회가 오면 도전하고 싶어 한다. 인간의 성장 욕구는 본성이다.

지금의 상황에서 더 나은 삶을 바라니까 독서도 하고 운동도 하는 것이다. 자신을 자극하는 롤 모델 3명의 사진을 구해두자. 그 사람의 어떤 특징 때문에 도전하는 것이 멋있어 보이고 가치 있는지 종이에 써보자. 그러면 자신이 간절히 원하는 것이 무엇인지 보일 것이다. 그러나 별로 가슴에 와닿지도 않고, 어떠한 마음의 움직임도 없으면 그건 자신 것이 아니다. 도전해도 결과가 별로라서 행동한 것을 후회할 수도 있다. 그런데도 나는 도전해 보라고 말하고 싶다. 무언가를 하지 않아서 후회하는 것보다 기회가 왔을 때 기회와 관련된 혹은 비슷한 도전을 해보면 거기에서 파생되는 수많은 좋은 경험들이 따라온다.

지금의 운동 습관과 관련하여 도전 운명을 결정해

운동화 지금 당장 신으세요!

준 세 사람이 있다. 첫 번째는 '세바시(세상을 바꾸는 시간 15분')에 나온 오현호 작가와 모험가, 영화제작자 이동진, 엄홍길 대장님이다.

오현호 작가는 나의 정신적 멘토다. 삼성전자 총괄 매니저로 일하다 삶의 도전에 대해 의문이 생겼다. 더 이상 가슴이 시키지 않는 일을 하는 것보다 가슴 떨리는 길을 선택하겠다고 잘 다니던 직장을 그만뒀다. '남의 전략은 짜주면서 내 자신의 전략은 무엇이지?'라는 인생의 질문이 들어왔고 '이렇게 살아서는 안 되겠다'고 생각하여 모든 방법을 동원하여 호주로 떠났다. 해병대 출신인 그는 영어를 잘 하고 싶어서 '스킨 스쿠버' 강사가 되기로 하고 호주에서 수많은 도전을 통해 영어도 잘하게 되고 스킨 스쿠버 강사가 되었다.

책을 내서 사람들에게 도전하는 삶의 중요성을 알려주었다.《부시 파일럿》이란 책은 길 없는 길을 가는 파일럿을 말한다. 오지의 물자를 댈 곳이 없어 자원을 이송해주는 비행기를 조종하는 조종사가 되기 위해 미국에서 공부해서 파일럿이 되었다. 남들은 편안하게 살고자 안주하는데도 오현호 작가의 끊임없는 도전은 내 가슴을 설레게 했다. 2016년에 본 세바시 영상에서 꼭 오현호 작가 같은 사람이 되겠다고 잠재의식 깊이 각인시켜 놨다. 신기하게도 나중에 철인 3종 경기를 해내게 된 것도 세바시 영상에서 본 철인 3종 경기 완주 사진을 잠깐 본 덕분이다.

　어떤 사람이나 행동을 봤을 때 나의 가슴이 떨리는 것을 꿈이라고 했다. 버킷리스트에 담긴 마라톤 풀코스 완주와 철인 3종 경기는 죽기 전에나 할 수 있거나 먼 미래라고 생각되었는데 그로부터 3년 후 정확하게 오현호 멘토를 만났다. 그것도 아주 가까이서 뵙게 되었다. 인성이 놀랍고 뛰어나 젊은이들의 멘토가 될 수밖에 없었다. 최고의 인격을 가진 분을 평생 닮고 싶은 사람으로 삼기로 했다. 인연과 기회란 이렇게 가슴의 울림으로 일어나는 것을 알 수 있었다. 항상 용기를 주고 격려와 공감으로 사람의 마음을 움직이게 하는 멘토의 응원이란 삶을 살아가는 데 있어 힘이 된다. 잘하라고 하는 배우는 자를 향한 마음이 전해져 어떤 도전이라도 잘 해낸다.

　이동진 모험가 역시 오 작가님을 만나 수많은 도전을 하게 되었다. 엄홍길 대장님은 평생 도전하라는 모험 정신을 잘 간직하게 한다. 3명의 롤 모델을 잘 분석하자. 운동을 하게 될 것이다. 도전할 때 기회를 잡는 사람들의 특징은 준비되어 있다는 것이다.

만약 여러분이 1분이라도 운동하고 1초라도 뭔가 꿈과 관련된 에너지를 움직인다면 큰 기회가 찾아올 수도 있다. 그래서 꾸준히 끈기 있게 계속하라는 것이다. 성공과 실패를 예측하여 이런 것이 오면 할 수 있겠다고 생각하여 성공의 가능성이 더 크면 도전한다. 실패를 두려워할 필요가 없다. 도전해서 안 되면 또 다른 것을 도전하면 된다. 자신에게 한 약속은 반드시 지키는 것이 좋다. 내면에는 수많은 사람이 살고 있는데 그중에서 가장 중요한 사람은 자기 자신이다. 자신과의 약속을 지키지 않으면 삶이 무기력하다. 자신과의 약속을 철저히 지키는 사람들이 도전하는 사람들이다.

모든 가능성에 마음의 문을 열고 받아들여서 기회를 포착하는 능력은 평소 운동을 통해서 에너지를 비축해 놓기 때문이다. 자신의 인생에 큰 영향을 준 책을 펴낸 외국 사람도 멘토가 될 수 있다. 책으로 에너지를 받기 때문이다. 페이스 북으로 소통한 《미라클 모닝》의 저자 할 엘로드를 소개한다. 20대 젊은 나이에 사업에서 승승장구한 그는 큰 교통사고로 인해 6분간 죽음을 경험했다. 하지만 마음의 힘을 이용해 반드시 살아남아 걸어 다니겠다고 의식을 놓지 않았고, 힘든 재활을 통해 새 생명을 얻어 마라톤 하게 된다. 친구들과 함께 도전하면서 누군가가 울트라 마라톤을 제안했다. 울트라 마라톤은 42.195km보다 훨씬 더 긴 거리를 달리는 대회다. 할 엘로드는 울트라 마라톤도 해냈다. 왠지 할 엘로드의 삶이 궁금해졌다. 매일 아침 일어나서 명상, 시각화, 확언, 글쓰기, 운동, 독서한다고 했다. 매일 그를 따라서 실천한 것이 운동 도전 성공의 계기가 되었다.

남들보다 일찍 일어나서 조금이라도 1분씩 운동하고, 감사 일기를 쓰고 명상하고 시각화와 확언을 하고 독서하면 달라진다는 그의 말을 믿고 매일 따라 한 지 3,000일이 넘었다. 짐론의 "성공의 정도는 자기 계발의 정도를 절대 뛰어넘지 못 한다"는 말이 계기가 되었다. 짐론은 미국에서 자수성가한 강연가다. 몹시 가난한 자신의 모습에 더 이상 이렇게 살아서는 안 되겠다고 생각하여 자기 계발을 하였다. 결국 큰 부자가 되었다. 성공하는 사람들은 반드시 운동과 독서, 확언과 시각화 명상과 글쓰기를 한다는 데 대해 수긍했고, 계속 새벽 3시 기상을 이어가고 있다. 시작은 1분이었다. 딱 1분만 일찍 일어나서 뜀뛰기를 하든 팔벌려뛰기하든 운동하자고 마음먹은 것이 이렇게 기적의 습관이 되어 누가 뭐라고 해도 몸에서는 자동 시계가 나를 도전하게 한다. 이것이 작은 습관의 힘이다.

# 운동화 지금 당장 신으세요!

초판 1쇄 인쇄 2024년 7월 1일
초판 1쇄 발행 2024년 7월 7일

지은이 | 엄남미
펴낸이 | 엄남미
펴낸곳 | 케이미라클모닝
디자인 | 필요한 디자인

등록 | 2021년 3월 25일 제2021-000020호
주소 | 서울 동대문구 전농로 16길 51, 102-604
이메일 | kmiraclemorning@naver.com
전화 | 070-8771-2052

ISBN 979-11-92806-24-2 (03330)